TaVe

*Maria Aurora von Königsmarck.*
*Kupferstich von P. Schenk, 1705.*

REINHARD DELAU

# MARIA AURORA VON KÖNIGSMARCK

*Mätresse und Diplomatin Augusts des Starken*

TAUCHAER VERLAG

KURZWEILIGES Nr. 15

*Delau, Reinhard:*
*Maria Aurora von Königsmarck - Mätresse und Diplomatin*
*Augusts des Starken / Reinhard Delau.-*
*1. Aufl.- [Taucha]: Tauchaer Verlag, 1997*
*ISBN 3-910074-57-X*


*Gestaltung: Helmut Selle*
*Satz und Reproduktion:*
*Leipziger Medienservice*
*Druck und Verarbeitung:*
*Westermann Druck Zwickau*
*Printed in Germany*
*ISBN 3-910074-57-X*

INHALT

# VORWORT

MIT Maria Aurora von Königsmarck begann Ende 1694 der große Liebesreigen am Dresdner Hof. Der junge Kurfürst Friedrich August I., später August der Starke genannt, verliebte sich in die Gräfin und erhob sie zur ersten Mätresse. Sie stand nur kurze Zeit im Glanz des Hofes. Als sie 1696 Sohn Moritz, den späteren Marschall von Fankreich, in Goslar zur Welt brachte, hatte sich das Verhältnis erledigt. August der Starke hatte sich einer anderen Frau zugewandt. Maria Aurora war verletzt, aber sie war eine Königsmarck, sie zog sich stolz zurück. Moritz sollte ihr einziges Kind bleiben.

Zumeist ist Aurora von Königsmarck nur als Mätresse Augusts des Starken bekannt. Als solche wurde sie von der Männerwelt gefeiert. Die blaublütigen adeligen Damen an den europäischen Höfen hielten es anders. Sie, die allesamt verheiratet und zumeist ungeliebt waren, verurteilten die Umworbene und sahen in ihr eine verruchte Person, die weder Ehr noch Adel besaß.

Maria Aurora war eine erstaunliche Frau, klug, charmant und von großer Ausstrahlungskraft. Vernünftige Feministinnen sollten sie entdecken und in ihren Panthenon aufnehmen, denn sie war nicht das Weib, daß sich als Gespielin eines Fürsten erschöpfte. Zeit ihres Lebens mußte sie, die unverheiratet blieb, um ihre Existenz ringen. Sie tat es entschieden, aber ohne viel Glück. Als der polnische König im Krieg gegen Schweden eine Niederlage nach der anderen hinnehmen mußte, war ihm die Königsmarck willkommen. Sie, die das rohe Kriegsgeschäft der Männer verachtete, nahm es auf sich, für ihren einstigen Geliebten beim schwedischen König Karl XII. um Frieden zu bitten. Ihre Mission als Diplomatin mitten im polnischen Winter und im Feindesland war gefährlich. Hätten es die Umstände gewollt, wäre sie zur großen Friedensstifterin geworden. Da sie scheiterte, waren ihr Hohn und Spott sicher.

Tragisch verlief ihr Bemühen um das Amt der Äbtissin im Quedlinburger Stift. Dort erfuhr sie abgrundtiefen Haß und Erniedrigungen, die über ihren Tod hinaus bei einigen Stiftsdamen anhielten. Als sie starb, war die einst Umworbene und Gefeierte vergessen. Aber welch ein Leben hatte sie gelebt, welche Höhen und Tiefen erlebt!

# DER VERSCHOLLENE BRUDER

1694 wurde am Hannoverschen Hof ein Mord begangen. Das wird sich mit Sicherheit erst viel später herausstellen. Aber soviel war gewiß. Der Oberst im Dienste der Welfen, Philipp Christian von Königsmarck, Lieblingsbruder Maria Auroras, war von einem nächtlichen Ausgang im Juli nicht zurückgekehrt. Das Verschwinden des lebenslustigen Mannes erregte Aufsehen. Philipp Christian gehörte einem angesehenen schwedisch-deutschen Adelsgeschlecht an. Die Königsmarcks hatten sich seit dem Dreißigjährigen Krieg auf den europäischen Kampfplätzen einen Namen gemacht. Die, die ihn zuletzt gesehen hatten, meinten, Philipp Christian sei bester Laune gewesen. Niemand hatte eine Erklärung für sein mysteriöses Verschwinden. Aber die Eingeweihten wußten: Philipp Christian hatte eine Liaison mit Sophie Dorothea, der Frau des Kurprinzen. Und das hatte den Welfen mißfallen. Maria Aurora, die sehr an ihrem Bruder hing, war entschlossen, Licht in das Dunkel zu bringen. So brachte ein Mord Unruhe und Rastlosigkeit in ihr Leben. Sie wäre sonst wohl nicht nach Dresden gereist, wo sich ihr Leben völlig verändern sollte. Die Zufälle im Leben, sie sind die großen Lenker und Verführer.

Das offizielle Hannover informierte, daß es nicht wisse, wo sich der Königsmarck aufhalte. Die Kanzlei gab zu verstehen, daß damit der Fall für die Welfen erledigt sei. Heimlich aber wurden am Hof Ver-

*Schloß Agathenburg. Stammsitz der Familie Königsmarck in Agathenburg, Landkreis Stade.*

mutungen angestellt. Gelegentlich fiel sogar das Wort Mord, Meuchelmord! Schergen seien gewonnen worden, um den Mann aus dem Weg zu räumen. Maria Aurora entschied sich zu einer ungewöhnlichen Reise.

Ob der Sommer im Jahre 1694 in Sachsen heiß war, ist nicht überliefert, aber gesichert ist, daß Maria Aurora zum ersten Mal im August in Dresden anlangte. Sie war einige Tage unterwegs gewesen, sie kam aus dem kühlen Hamburg in das fast südlich wirkende Dresden. Sie baute auf den jungen Kurfürsten Friedrich August I., der erst seit wenigen Monaten die Kurwürde innehatte. Ihr Bruder hatte den Wettiner auf dessen großer Kavalierstour durch mehrere europäische Länder begleitet, hatte von dem Prin-

*Stadt Hamburg im 17. Jahrhundert.*
*Stich von M. Merian d. Ä.*

zen geschwärmt. Eine Männerfreundschaft – so schien es – hatte sie verbunden. Philipp hatte sogar vor, nach Dresden zu wechseln. Er, der das Leben aus vollen Zügen genoß, verschwand nicht freiwillig vom Hof. Vielleicht empfing sie Friedrich August, vielleicht bot sich ihr gar in der sächsischen Residenz eine angemessene Stellung.

In Hannover hatte sie nicht mehr bleiben können. Dort war sie offen angefeindet worden, als sie den Kurfürsten bat, Nachforschungen zu Philipp anzustellen. Der Welfe hatte ihr zu verstehen gegeben, daß er auf ihre weitere Anwesenheit keinen Wert lege. Und sie hatte sich gefügt. Was hätte sie auch tun sollen? Fürstengunst hielt nur an, wenn sie in Laune war. Das war eine ihrer wichtigsten Erfahrungen. Im kühlen Hamburg hatte sie sich nicht wohlgefühlt.

Nahm sie auf, was sie sah, als sich die ordinäre Kutsche Dresden näherte? Fesselten sie die Bilder der

Ankunft? Wird sie sich später an sie erinnern, als sie die Stadt fast panikartig verließ? An die sanften Höhenzüge rechts des Flusses, die weiten Wiesen, die den Fluß begleiteten, an die gebieterischen Festungsmauern, an diese Wälle und Bastionen, auf die ihr Held so stolz sein sollte, an den hohen Turm des Schlosses?

Maria Aurora sprach bei Hofe vor. Sie wurde freundlich empfangen. Friedrich August weilte in Leipzig. Sie war enttäuscht, aber sie fragte nicht, wann er zurückkehre. Sie würde warten, bis der Kurfürst anwesend war. Die Freundlichkeit kam nicht von ungefähr. Die Königsmarcks waren auch in Dresden keine Unbekannten. Als Kriegsleute hatten sie sich auf den europäischen Schlachtfeldern verdient gemacht. In Prag, im fernen Athen gegen die Türken, an der Seite der Stadtrepublik Venedig, auf englischen Galeeren und im schwedischen Dienst hatten mehrere Königsmarcks gekämpft, waren gefallen und geehrt worden. Maria Aurora profitierte davon. Fast herzlich begegneten ihr die Witwen der letzten beiden Johann George. Sie luden sie ein, im Schloß zu wohnen. Sie nahm geehrt an. Ob sie von Christiane Eberhardine, der Kurfürstin, empfangen wurde, ist nicht bekannt.

Maria Auroras Ankunft erregte in der Männerwelt Aufsehen. Gesandte befürchteten Verwicklungen. Es hatte sich bis Dresden herumgesprochen, daß ihr Bruder unauffindbar sei. Welche Laune führte sie her? Suchte sie die Hilfe des Kurfürsten? Ein Hauch von Abenteuer umwob die Schwedin. Es hieß, sie sei die Geliebte des hannoverschen Kurprinzen gewesen. Zahlreiche Adelige hätten um ihre Hand angehalten. Sie hätte es genossen und stets eine Vermählung abgelehnt. War sie unfähig, eine tiefere Bindung einzugehen? Ein gewisser Horn sei an seiner Liebe, die sie nicht erwiderte, fast verzweifelt.

Noch heute kann man nachlesen, wie die Ankunft Maria Auroras in der Residenz wirkte. Der Geheime Rat M. A. Haxthausen hielt am 10. August 1694 in aller Eile fest: »Ich öffne den Brief, um hinzuzufügen, daß man mich gerade in diesem Augenblick benachrichtigt, daß das Fräulein Aurora de Conismarc soeben angekommen ist, um bei dem Herrn Kurfürsten wegen ihres Bruders, der ziemlich gewiß am Leben sein soll, zu intercedieren, auch sagt man, daß die Kurfürstin von Brandenburg in Hannover angelangt sei (um den Fall zu besprechen)...« Dem englischen Gesandten Stepney in Dresden bereitete Maria Auroras Erscheinen Sorgen. Er war ein rechter Diplomat und befürchtete Verwicklungen. »Die Schwester Conismarcks ist unter dem Vorwand hergekommen, den Kurfürsten zu bewegen, bei den Herzögen von Braunschweig-Lüneburg die Sache wegen der Freigabe ihres Bruders etwas lebhafter als bisher zu betreiben, wenn dieser noch am Leben ist: Sie glaubt, daß er es ist, und deshalb hat der Kurfürst Orders an seinen Adjutanten Bannier geschickt, daß er energisch seine Herausgabe fordern möchte.« Das freilich war eine Übertreibung, wie sie Diplomaten lieben.

Allzu sehr sollte die Affäre um Philipp den Wettiner nicht interessieren. Verbürgt ist, daß er in Hannover anfragen ließ, was mit Philipp sei, mehr aber auch nicht unternahm. Friedrich August hatte nicht die Absicht, sein Verhältnis zu Hannover zu trüben. Ihn interessierte die Frau.

Ich stelle mir vor: Friedrich August, später August

der Starke genannt, empfing sie (das ist gesichert). Mein Fürst, wird sie gesagt und einen Knicks vollführt haben. Sie wußte, er war jünger, um einiges jünger. Aber sie war darauf vorbereitet, konnte sich auf ihr Aussehen verlassen. Der Umgang mit Fürsten war ihr vertraut. Sie kannte ihre Wirkung auf Männer. Er ließ sie den Knicks nicht ausführen, nahm sie beim Arm, fast vertraulich. Sie spürte es, sie gefiel ihm. Und das bestärkte sie in ihrem Vorhaben. Ihren Charme zu nutzen, war ihr nie schwergefallen. Sie trug ihr Anliegen vor. Er hörte freundlich zu. Sie faßte sich kurz, bat um Hilfe. Er versprach: Wir werden nach dem Rechten sehen. Philipp war mir ein guter Begleiter auf meinen Reisen gewesen. Aber sie ahnte: Allzu viel war von dem jungen Helden, der sich so überschäumend gab, nicht zu erwarten. Sie mußte vorsichtig sein, geschickt abwägen, wie weit sie gehen konnte. Vielleicht hatte sie doch Erfolg. Er bat sie, Platz zu nehmen. Konfekt und türkischer Kaffee wurden aufgetragen. Er nahm sich mehr Zeit, als sie erwartet hatte. Und sie mußte im stillen lächeln. Sie hatte ihn vor Jahren in Hamburg getroffen. Da war er noch ein Jüngling gewesen. Und nun war er Kurfürst, war der Erste im Hause Wettin, ein Mann von Macht. Er würde sie ohne Bedenken gebrauchen. Es war gut, ihn zum Freund zu haben.

Friedrich August geriet ins Schwärmen, als er von seinem Sachsen und seiner Stadt sprach. Bauen wollte er, das alte Schloß vergrößern, Land für das Haus Wettin hinzugewinnen. Er war von selbstsicherer Herzlichkeit. Wir wollen hier in unserer Stadt ewas Italien haben, etwas Venedig. Waren Sie in Venedig, verehrteste Gräfin? Nein, sie war niemals in Italien gewesen. Dorthin reisten Damen nur in Begleitung.

Und sie sagte es ihm. Er lachte und lud sie zum Karneval nach Dresden ein. Wir werden einen großen Karneval aufführen. Die Einladung verunsicherte sie. War damit die Audienz beendet und sie entlassen? Sie sah ihn an. Ich bitte Sie sehr, mein Kurfürst. Philipp ist mir der liebste Mensch. – Wir werden uns kümmern, sagte er. Das klang endgültig. Aber er bot ihr Konfekt an und war kurz darauf wieder bei seinem Dresden. Wir haben viel vor. Man wird bald nach Dresden schauen. Auch Hannover, Berlin, Wien. Wir verspüren Drang zum Bauen. Nein, dachte sie, von ihm ist wohl kaum Hilfe zu erwarten, er denkt nur an sich und seine Stadt. Aber das kastanienbraune Haar des Mannes gefiel ihr, die kräftige Nase, der offene Blick. Wir würden uns freuen, sagte er, ihre Ehre bei einem Essen zu haben, hochverehrte Maria Aurora. Und sie willigte ein, erfreut und amüsiert. Er stand auf und begleitete sie zur Tür.

Als sie das Schloß verließ, war sie in hoher Stimmung. Leicht fühlte sie sich und heiter gestimmt. Sie wollte in aller Ruhe ein Stück seiner Stadt sehen. Sie hatte Lust, zum Fluß zu spazieren, entschied sich anders und schaute von der Bastion auf die breite flache Elbe. Kleine, viel kleinere Segelschiffe als in Hamburg glitten flußabwärts. Und unterhalb der Bastion zankten Weiber. Am anderen Ufer drängten sich einige stattliche Häuser an den Fluß. Ihr Blick folgte dem Fließen der Elbe, die sich in weiten Bögen verlor. Irgendwo erreichte der Fluß Hamburg, Stade, die Stadt ihrer Kindheit. Jetzt stand sie wieder am Strom, nur viel weiter südlich. Sie deutete dies als gutes Zeichen. Vielleicht war ihr die Laune des Schicksals gewogen. Sie mußte an ihre Zukunft denken. Das Vermögen der Familie war von der schwedischen Krone beschlagnahmt. Der König hatte es eingezogen, um den Adel zu schwächen. Die Mutter hatte auf ihrer letzten Reise nicht erreicht, daß die Güter der Königsmarcks zurückgegeben werden. Es stand nicht gut um ihr, Auroras, Auskommen. Sie kehrte dem Fluß den Rücken; es war viel Neugier in ihr. Würde der Kurfürst wirklich sein Wort halten und sie einladen? Im Überschwang versprach man viel und vergaß sehr schnell. Und er war im Überschwang gewesen, etwas zu laut, empfand sie. Liebe Aurora, so nannte sie sich, wenn sie Abstand zu sich gewinnen wollte, liebe Aurora, sei nicht töricht. Aber sie vermochte sich nicht zu versagen, daß sie sich auf das Wiedersehen mit dem Kurfürsten freute.

Mit Maria Aurora von Königsmarck sollte der große Liebesreigen am Dresdner Hof beginnen. Friedrich August, Sohn Johann Georgs III. und der Dänin Anna Sophie, war nach dem unerwarteten Tod seines nur vier Jahre älteren Bruders Kurfürst geworden. Er war noch keine 24 Jahre alt, als ihm die Kurwürde zufiel. Dem sächsischen Adel und den Ständen war der jüngere Wettiner willkommen. Sie hofften, ihn ihre Straße zu führen. Er erschien ihnen verbindlicher, leichter zu beeinflussen als Johann Georg IV. Ihn hatten sie nicht gemocht. Er hatte den Landesständen sogar mit Soldaten gedroht, falls sie nicht höhere Steuern und ein stehendes Heer bewilligten. Auf die Kurwürde war Friedrich August nicht vorbereitet gewesen, er hatte nie mit ihr gerechnet. Staatsgeschäfte hatten ihn zuvor kaum interessiert. Aus der Ehe seines Bruders wären gewiß Kinder gesprossen, darunter bestimmt ein Junge, dem die Thronfolge zugefallen wäre. Friedrich August hatte ein unbeschwertes Leben in zweiter Reihe erwartet.

*Kurfürst August der Starke, 1670-1733.*

Für sein Auskommen war gesorgt. Auf den Kriegsschauplätzen Europas wollte er sich auszeichnen, Soldatenruhm erwerben. Plötzlich sah er sich an die Spitze Kursachsens gestellt. Und er hatte von Anfang an hochfliegende Pläne.

Dresden damals, das war noch nicht die Residenz, die Gelehrte und Reisende ihrer Bauten und Kunstsammlungen wegen rühmen sollten. Noch fehlte jener barocke Glanz, der die Stadt prägen sollte: das großartige Taschenbergpalais am Schloß, der heitere Zwinger, George Bährs Frauenkirche, Chiaveris Katholische Hofkirche, das Blockhaus am rechten Elbufer, die steinerne Brücke Pöppelmanns, die Stadtpalais. Die Residenz der Wettiner war eine Renaissancestadt, die Befestigungsmauern umschnürten. Es ging sehr eng in ihr zu. Die Stadt war eine Festung. Kaum 20 000 Menschen lebten in deren Mauern. Dennoch war unübersehbar: Das Fürstenhaus Wettin war

*Ehemalige Festungswerke zu Dresden.*
*Kupferstich von Canaletto, 1750.*

wohlhabend. Das erzgebirgische Silber hatte großzügiges Bauen ermöglicht. Der prächtige Renaissance-Stallhof und Lange Gang machten einiges her, das Georgentor trug reichlich Schmuck, die Bürgerhäuser am Altmarkt stellten Besitz aus, das Gewandhaus am Neumarkt war stattlich. Selbst das alte Renaissanceschloß konnte sich sehen lassen. Maria Aurora, die sich an mehreren deutschen Höfe aufgehalten hatte, wird das mit Zufriedenheit festgestellt haben. Vielleicht ließ sich doch in Dresden eine Stellung finden, mag sie gedacht haben.

Maria Aurora mußte mehrere Tage warten, ehe sie die Einladung Friedrich Augusts erhielt. Sie hatte Mühe, das Billett zu entziffern. Es war förmlich abgefaßt. Er gab sich die Ehre, sie im Hause seines Geheimrates Haxthausen zu empfangen. Sie amüsierte sich über die wenigen Zeilen, der Kurfürst mischte deutsche und französische Worte. Nein, das Französische beherrschte er nicht, er schrieb es, wie er es sprach. Und sie hatte Lust zu korrigieren. Daß er sie bei dem freundlichen Haxthausen empfing, war ihr angenehmer als im Schloß. So konnte sie ungezwungener mit Friedrich August reden, mußte weniger auf die Etikette achten. Sie würde es wagen und ihn über ihre Verhältnisse aufklären. Sie spielte mit dem Gedanken, sich ins hochadelige Damenstift der Abtei Quedlinburg aufnehmen zu lassen. Dort wolle sie es zu einer führenden Stellung, die ihr Einnahmen sicherte, bringen. Unterstützte er sie, war Erfolg nicht ausgeschlossen.

Als die Stunde herannahte, betrachtete sie sich im Spiegel. Sah sie sich so, wie sie beschrieben wurde? »Groß, dunkelfeurig sind die Augen, voll wunderreichen Glanzes. Ihre Augenbrauen sind zwei feine schwarze Linien mit einem geheimnisvollen Reiz. Pfeile, denen niemand widerstehen kann, fliegen aus ihren Augen, groß dunkel, feurig.« Fuhr sie mit dem Kamm ein letztes Mal durch ihr volles schwarzes Haar? Prüfte sie ihr Alter, das sie sorgsam verbarg und das niemand in der höfischen Welt kannte? Auf welches Abenteuer ließ sie sich ein? Und wie würde es ausgehen? Sie war heiter wie schon lange nicht mehr und hatte Lust auf Leben und Torheiten. Ich bin wieder im Auf und Ab, bin im Wind der Ungewißheit. Das waren Worte von Horn, ihres unglücklichen Verehrers.

Der Kurfürst ließ sie mit einer Kutsche abholen. Haxthausen führte sie in einen kleinen Salon. Friedrich August war sorgfältig gekleidet, aber ohne Perücke. Ein Seidentuch war keck um den Hals gebunden. Er erhob sich, kam ihr entgegen. Sie sah es, der Mann freute sich auf sie, machte keinen Hehl daraus, daß er sie gern hier hatte. Haxthausen zog sich diskret zurück. Friedrich August schaute sie ohne jede Zurückhaltung an. Man redet über Sie, Gräfin, rätselt über den Zweck ihrer Ankunft. Er lachte laut, frech. Diese neugierigen Kreaturen. Sie schnattern wie alte Gänse. Man kann ihnen nicht trauen. Trauen auch Sie keinem, Gräfin. War das ein Hinweis für sie, sollte sie ihn so sehen? Wollte er sich so gesehen wissen, von ihr? Er hob das Glas, trank ihr zu, trank das Glas Wein in einem Zug aus. Sie werden sich die Mäuler zerfetzen, die Höflinge und Geheimräte und meine biederen Dresdner.

So selbstsicher er sich gab, ihr entging seine Befangenheit nicht, sie fühlte sich auch befangen. Sie wartete auf eine Gelegenheit, um Quedlinburg ins Gespräch zu bringen. Von Philipp wollte sie nicht reden. Das würde Friedrich August mißfallen. Und sie wußte, sie mußte immer die Klügere sein, wollte sie etwas erreichen. Er füllte ein Glas, reichte es ihr, stand nahe bei ihr. Lassen Sie mich die Staatsgeschäfte vergessen, liebste Gräfin. Nichts als Arbeit und Ärger. Die Herren im Lande erwarten, daß sich der Kurfürst für sie schindet. Sie werden sich wundern, ich werde sie zur Kasse bitten. Er lachte böse. Und sie bemerkte, daß sein rechtes Auge kleiner war als das linke. Adel und Räte betrügen und unterschlagen, saufen Wein auf Steuerkosten. Man kann ihnen nicht trauen. Er lachte wieder, lockerte das seidene Tuch, nahm ihr vorsichtig das Glas aus der Hand. Seine Vorsicht überraschte sie, sie stand in seltsamem Gegensatz zu der ausgestellten Forschheit. Und sie war bereit, das Spiel zu spielen, von dem sie nicht wußte, wie es ausgehen würde. Sie sollten wirklich keinem trauen, bestätigte sie. – Auch Ihnen nicht? fragte er schnell. – Auch mir nicht! Ich bin eine launische Frau und den Regungen meines Herzens preisgegeben. Den letzten Satz bedauerte sie, und sie begriff nicht, wie er ihr über die Lippen gekommen war. Hoffentlich verstand er ihn nicht falsch.

Was in Haxthausens Haus besprochen wurde, was dort geschah, ist nicht bekannt. Belegt ist nur, daß Friedrich August Maria Aurora von Königsmarck im August zweimal zum Essen einlud. Und auch dies war dem englischen Gesandten wert, am 27. August festzuhalten: »Der Kurfürst hat sie mit großer Aufmerksamkeit empfangen und zweimal in Gesellschaft seines Geheimrates Haxthausen in dessen Haus mit ihr soupiert.« Ob sie ihn im August für ihre Vorstellung, nach Quedlinburg zu gehen, gewonnen hatte, ist mit Sicherheit nicht zu sagen. Sie kehrte wieder nach Hamburg zurück. Und schnell war das Ereignis am Hof vergessen. Jene, die angenommen hatten, daß mit Maria Auroras Abreise aus Dresden das Kapitel Königsmarck erledigt sei, sahen sich bald im Irrtum. Friedrich August muß offenbar Zuneigung zu ihr gefaßt haben. Vielleicht hatte er sich sogar verliebt. Er war jung. Frauen waren ihm wichtig. Bereits mit 16 Jahren hatte er ein erstes Liebesverhältnis mit Maria Elisabeth von Brockdorf, einem Hoffräulein seiner Mutter. In Spanien, gewiß in Italien soll er mehrere Abenteuer bestanden haben. In Frankreich auf seiner Kavalierstour muß er Frauen gefallen haben. Sonst hätte Liselotte von der Pfalz, eine der geistreichsten Klatschdamen an den barokken Höfen und Schwägerin Ludwigs XIV., nicht in ihren Memoiren festgestellt, daß ihm die Frauen »greulich nachgelaufen« wären, hätten sie von Friedrich Augusts »Perfektion und Stärke« gewußt. Das dürfte übertrieben sein, denn der Prinz war erst 17 Jahre alt, als er sich in Paris und Versailles aufhielt. Später behauptete sie, Paris hätte den Wettiner »verderbt". Das war der Stoff, aus dem die Legende Friedrich August zu August dem Starken webte.

Im Herbst kehrte Maria Aurora nach Dresden zurück. Ihr Aufenthalt im Sommer mußte sie darin bestärkt haben. Bestimmt kam sie nicht ungerufen wie beim ersten Mal, bestimmt hatte sie Friedrich August eingeladen. Die kurfürstliche Familie wurde unruhig. Bahnte sich etwas an? Es war kein Geheimnis, daß er Christiane Eberhardine, seine Frau, vernachlässigte.

An den barocken Höfen kam es häufig vor, daß sich Fürsten eine Mätresse zulegten. Sich im Glanz schöner Frauen zu sonnen, war Hofart. Und jeder, der es sich leisten konnte, hielt sich eine Gunstdame. Darin eiferte man sehr dem Versailles Ludwigs XIV. nach. Am sächsischen Hof war es vor Friedrich Augusts Regierungsantritt kaum üblich gewesen, sich eine offizielle Mätresse zuzulegen. Nebenfrauen allerdings versagten sich die Wettiner nicht. Bereits Johann Georg II., der Großvater Friedrich Augusts, ließ es sich mit jungen Damen gut ergehen. In einem zeitgenössischen Bericht heißt es: »Der Sachse, oft mit einer Kolik geplagt, habe eine junge Dirne, die sich uff ihn legt, wenn ihn das Grimmen ankompt.« Auch Friedrich Augusts Vater, Johann Georg III., verfiel gelegentlich dem weiblichen Zauber und brach das Ehesakrament. Zum Unglück der strengen Dänin Anna Sophie, der Vielweiberei verhaßt war. Unter Johann Georg IV. kam es sogar zu einem Familiendrama. Er hatte sich in die siebzehnjährige Sybilla von Neitschütz verliebt und gedachte, sie als zweite Frau zu seiner Linken zu heiraten. Seine Frau war ihm zuwider, und er bedrohte sie sogar mit seinem Degen. Friedrich August soll die tätliche Auseinandersetzung unterbunden haben. Der frühe Tod der beiden – sie starben an Pocken – verhinderte einen Skandal am Dresdner Hof.

Ehen in Fürstenhäusern wurde in der Regel nicht

aus Liebe geschlossen. Sie dienten dynastischen Zwecken, der Bekundung freundschaftlicher Bande, Gebietserweiterungen und Erbansprüchen. Vor allem hatten die Ehen für legitimen Nachwuchs zu sorgen, damit die Thronfolge gesichert wurde.

Bei Friedrich August schien das nicht der Fall zu sein. Er hatte Christiane Eberhardine aus dem Hause Bayreuth im Januar 1693 geheiratet. Aus ihren Briefen ist zu entnehmen, daß sie sich aus Liebe für ihn entschied, auch wenn ihr die Verbindung ins höhere Haus durchaus willkommen war. Auch Friedrich August, den damals noch keine Staatsverpflichtungen erwarteten, der ein ungebundenes Leben ohne große Verpflichtungen vor sich hatte, dürfte für sie entbrannt gewesen sein. Er bezeichnete sich, als er um sie warb, als ihr Knecht. Aber schon bald nach der Hochzeit im Schloß Bayreuth muß seine Zuneigung erloschen sein. Er ging noch Ende 1693 auf Italienreise und ließ Christiane Eberhardine in Dresden zurück. Das hat sie getroffen, denn sie liebte den Mann. Es »verlangt mich gar sehr, ihn wider hir zu wißen“, schrieb sie im Februar 1694 an ihren Vater Christian Ernst nach Bayreuth. Der Hofklatsch hatte seine Nahrung. Wenn ein Mann nach so kurzer Ehe seine Frau verließ, konnte etwas nicht in Ordnung sein. Und natürlich lag es an der Frau. Christiane Eberhardine sollte bald im Ruf stehen, im Bett ein »Eisberg« zu sein. Als Maria Aurora zum zweiten Mal nach Dresden kam, bestand die Ehe etwa 19 Monate. Diesmal wohnte sie nicht bei Hof. Sie mietete sich eine Wohnung. Friedrich August zeigte sich öfter in ihrer Begleitung. In der Gerüchteküche brodelte es. Regen Anteil nahmen die deutschen Höfe. Maria Aurora erfuhr davon: »Die Nachricht, die mich betrifft, ist ja ganz ungewöhnlich. Weiß man denn nicht, daß der Herr Kurfürst die Frau Kurfürstin liebt und verehrt? Ich glaube nicht, daß man die türkische Mode einführt.« Verteidigte sie sich, war sie um ihren Ruf bedacht? Sollte es stimmen, daß sie die Geliebte des hannoverschen Kurprinzen gewesen ist, was immer wieder behauptet wird, aber nicht belegt ist, dann hatte sie Erfahrung mit Lieben dieser Art. Eines steht fest, und das macht die Frau sympathisch, sie gab sich sehr zurückhaltend, war bedacht, die Kurfürstin nicht zu beleidigen. Das wird sie vor den anderen Mätressen Augusts des Starken auszeichnen.

Das große Verführungsfest soll auf Schloß Moritzburg während eines Jagdfestes stattgefunden haben. Friedrich August selbst habe es in allen Einzelheiten vorbereitet.

Ich stelle mir vor: Friedrich August hatte lange um sie geworben. Darin soll er Ausdauer gehabt haben, er hat sie beschenkt, hat ihr deutlich gezeigt, daß er sie haben will. Er überraschte sie mit der Einladung zur Jagd. Ablehnen konnte sie nicht. Und sie wollte auch nicht. Er erwartete sie weit draußen vor dem Jagdschloß. Er bat sie in seine offene Kalesche. Sie saß neben ihm. Janitscharen begleiteten den geschmückten Wagen. Kostbar war ihr Zimmer ausgestattet. Das Bett war mit rotem Damast überzogen. Ein prächtiges Kleid hatte er ihr zum Geschenk gemacht. Sie zog es an, um ihm an der Tafel zu gefallen. Dort erwartete sie ein zweite Überraschung. Unter Blumen versteckt, entdeckte sie Schmuck. Als er sie zum Tanz aufforderte, waren alle Blicke auf sie und den Kurfürsten gerichtet. Er hielt sie fest, und sie hatte es gern, daß er sie festhielt. Sie redete es sich nicht aus. Der Mann gefiel ihr. Törichte Maria

*Christine Eberhardine von Brandenburg-Bayreuth.*
*Kupferstich von P. Schenk.*

Aurora! Sie wußte doch, wie solche Lieben endeten. Aber dann gab sie sich dem Zauber hin. Vielleicht hoffte sie doch, daß es dauern könnte.

Mit Aurora begann der offizielle Liebesreigen am Dresdner Hof. Er richtete ihr eine Wohnung auf der Wilsdruffer Straße ein. Mätressen wollten versorgt sein. Sie standen am Hof – wenn auch ohne offiziellen Rang – über den Ministern. Maria Aurora erlebte glückliche Wochen. Am 13. Januar 1695 begann der Karneval mit einem Ball im Dresdner Schloß. Er sollte zum Höhepunkt ihres Glanzes werden. Vier Wochen lang wurde gefeiert. Sie stand fast immer mit Friedrich August im Mittelpunkt der Feste. Es gab Maskeraden. Die Damen und Herren verkleideten sich als Bäuerinnen und Bauern. Rennen fanden statt und Assemblee am Hofe. Gäste trafen ein, darunter Herzog Ludwig Rudolf zu Braunschweig-Wolfenbüttel. Friedrich August zeigte allen (in einer naiven Weise), daß er Maria Aurora erobert hatte, daß er sie begehrte. Selbst als sie neben Ludwig Rudolf im Aufzug der Nationen als Spanierin verkleidet ging, blieb der Kurfürst an ihrer Seite. Er hatte nur Augen für sie. Mal ging Maria Aurora als Schwarzwälder Bäuerin und er als Bauer, mal zeigte sie sich als Göttin und er als Gott, oder sie schritt an der Seite eines gewissen Kammerherrn von Calmberk als Handwerksfrau. Der Karneval schloß am 9. Februar mit einer »Bären-Hatze, Sau-Jagen und Fux-Prellen«.

Friedrich Augusts erster Karneval ließ die Wittelsbacher, die Hohenzollern und die Welfen aufhorchen. Der Kurfürst schien ihnen vorführen zu wollen, wie man Feste feierte. Und die Höfe hatten wieder ihren Klatsch: die Schwedin in den Armen des Sachsen, die Vielumworbene die Mätresse des Wettiners. In

*Schloß Moritzburg.*
*Kupferstich von 1733.*

Bayreuth war man voller Kummer. Die markgräflichen Eltern sorgten sich um ihre Tochter Christiane Eberhardine. Es war wohl doch ein Fehler gewesen, sie Friedrich August zur Frau gegeben zu haben. Sie hätten es wissen müssen! Er stand damals schon im Ruf leichtfertiger Affären. Vor allem die Markgräfin verzieh es sich nicht, daß sie zugestimmt hatte.

# EIN GLÜCKLICHES JAHR

DER Frühling nahte, der erste Frühling, den Maria Aurora in Dresden erlebte. Die Elbe trug hohes Wasser, und die Höhen wogten im Grün. Sie hatte Freude an der Japanischen Kirsche, die vor ihrem Hotel blühte. Dieses schäumende zarte Rot. Gestern hatte sie sich eine Blüte ins Haar gesteckt. Das hatte ihm gefallen. Friedrich August besuchte sie fast jeden Tag. Aber sie war voller Unruhe. Noch hatte er nichts von Karlsbad gesagt, wohin er zur Kur fahren wollte. Die Abreise rückte heran. Sie machte sich nichts vor. Ohne ihn würde sie am Hof nur gelitten sein. Sie wartete.

Aber dann erklärte er sich ihr, überschwenglich, wirbelte sie durchs Zimmer. Ich wünsche sehr, daß Sie mich begleiten. Daß sie gezweifelt hatte.

Ich stelle mir vor: Das böhmische Karlsbad im Tal, die grünen Höhen. Bestimmt hat sie Glück empfunden. Sie bezog eine Wohnung: »drei Stuben, drei Kammern für Bedienung«. Fast täglich aß sie mit Friedrich August. Es gab keine Anzeichen, daß er unaufmerksam wurde. Warum sie immer nur so angespannt beobachtete? Liebte sie ihn? Oder gab sie sich nur dem Glücksgefühl hin, umworben zu sein. Sie hatte zu vieles erlebt, um sich völlig auszuliefern. Wie sehr er sie auch mochte, sie blieb seine Mätresse und von seiner Zuneigung abhängig. Wenn sie erlosch, dann hatte sie sich still zurückzuziehen. Darauf mußte sie vorbereitet sein. Er hatte sich für den

*Gräfin Königsmarck (mitte) in Begleitung zweier Damen.*
*Ausschnitt, Gemälde von H. C. Fehling.*

Abend angesagt, sie würde alles tun, um ihm zu gefallen. Frauenlos, verachtungswürdig, aber Frauenlos. Ach, sie las zu viel, sie dachte zu viel. Das hatte alle Männer gestört.

Über den Aufenthalt der sächsischen Reisegesellschaft in Karlsbad gibt es einen Bericht des englischen Gesandten vom 14. Juni 1695: »Wir vertreiben hier unsere Zeit so lustig wie möglich. Wir haben ein Haus gebaut, das 2000 Gulden kostet und das nicht länger sein soll als Jonas` Kürbis. Es ist von italienischer Erfindung mit vier Retiraden, halbdunklen Winkeln, Ruhebetten und allen anderen lockeren Bequemlichkeiten, welche die Liebschaft erleichtern können. Wir haben aus Dresden sechs Wagen mit Kronen und Spiegeln zur Ausschmückung des Hauses erhalten, und den 16. werden wir Maskerade veranstalten, bei der die Königsmarck die Diana vorstellen wird, wobei sechs Nymphen ihr aufwarten werden. Ich kann nicht sagen, wem wohl die Rolle Actaeons zugeteilt werden wird, aber ich kann darauf schwören, daß ihm, noch bevor die Nacht zu Ende ist, ein Horn ausgesetzt wird, denn dies ist, soweit ich es verstehe, die Hauptsache bei den Lustbarkeiten.«

Von Karlsbad reiste Friedrich August in die Kaiserstadt Wien. Leopold I. empfing ihn mit großen Ehren und viel Aufmerksamkeit. Das hatte seinen Grund. Der Wettiner sollte gegen die Türken kämpfen. Sie waren wieder rege geworden, hatten es noch immer nicht aufgegeben, weiter nach Westen vorzudringen. Es war noch nicht allzu lange her, daß sie vor Wiens Mauern gestanden hatten. Damals hatten die Entsatzheere des polnischen Königs Jan Sobieski und Johann Georgs III., des Vaters Friedrich Augusts, die Türken geschlagen. In letzter Not, denn die Osmanen rüsteten bereits zum Sturm. Zwar war eine unmittelbare Bedrohung des Heiligen Römischen Reiches Deutscher Nation durch den Halbmond nicht gegeben, aber in Ungarn blieben sie gefährlich. Friedrich August als Oberbefehlshaber des kaiserlichen Heeres sollte den Türken den Garaus machen. Er war 25 Jahre alt. Erste Kriegserfahrungen hatte er in den Niederlanden und am Rhein gesammelt. Gewiß träumte er vom Feldherrnruhm, von glanzvollen Siegen. Er wollte sich als Türkenbezwinger feiern lassen.

Maria Aurora kehrte nach Dresden zurück. Ohne den Kurfürsten war sie als Mätresse nicht gefragt. Das wird sie gespürt haben. Sie hielt sich vom Hof fern, lebte in ihrer Wohnung auf der Wilsdruffer Straße. Sie schrieb wieder viel, verfaßte Gedichte. »Die Lieb entzünd die Herzen / Durch der Augen Kerzen. Im Anfang ist es Scherzen. / Bald erfolgt die Pein.« Selten kam eine Nachricht aus Wien. Sie war nicht so vermessen zu glauben, daß er jetzt in Gedanken bei ihr war. Er hatte den Krieg im Kopf, wollte Siege und Erfolge. Sie mochte dieses rohe Geschäft der Männer nicht. Zu viele Königsmarcks waren auf den Kampffeldern gefallen, auch ihr Vater. Und sie verstand die Stimmung in Dresden. Die Anwesenheit des Kurfürsten wäre dringend bei Staatsgeschäften notwendig gewesen.

Der Sommer verging, der Herbst kam. Auf den Hängen wurden die Trauben eingebracht. Einmal fuhr sie sonntags elbabwärts durch die Dörfer. Unter einer Linde wurde getanzt. Die Mädchen trugen weite bunte Röcke und lagen den Liebsten in den Armen. Und sie empfand Neid. Das da, dachte sie, ist etwas anderes. Es ist ohne jede Berechnung. Und plötzlich stiegen Erinnerungen an die Kindheit auf Agathenburg auf. Ein Mädchen sitzt nicht unter Bäumen, ein Mädchen geht nicht nackt ins Wasser, hielt sie ihre Mutter an. Und später: Merk' dir eins. Du hast deine Ehre, und du hast zu gefallen. Ehre – welche Ehre hatte sie? Und sie roch den Geschmack von bitteren Mandeln.

Im November 1695 wurde die Rückkehr des Kurfürsten angekündigt. Geschäftigkeit brach am Dresdner Hof aus. In Wien hatte man Friedrich August als Türkenbezwinger gefeiert. Dresden wollte nicht nachstehen. Vergessen waren die ungenauen Nachrichten, daß die Türken die Kaiserlichen zurückgeworfen hätten, daß an die 5000 von ihnen gefallen wären, darunter der Feldmarschall Veterani. Auch Maria Aurora bereitete sich auf die Ankunft Friedrich Augusts vor. Sie kaufte auserlesene Stoffe »Goldt-Mohr, Holländischen Samt und Daft«. Sie gab ihren Schneidern Kleider in Auftrag, sie wollte schön sein. Das war ihre erste Pflicht. Mehr konnte sie nicht tun. Würde er sie noch lieben? Ein knappes halbes Jahr war er weggewesen. Der Novemberregen vor ihren Fenstern verdunkelte die Straßen. Dann war er plötzlich da. Haxthausen, dieser freundliche Mann, überbrachte ihr die Nachricht. Sie wartete.

Friedrich August besuchte zuerst Christiane Eberhardine, offiziell. Sie war die Erste, ihr gebührte seine Aufmerksamkeit. Das war Protokoll, das war Fürstenpflicht. Die Gesandten am sächsischen Hof berichteten, daß die Königsmarck wieder in hoher Gunst stünde, daß der Kurfürst wieder bei ihr liege. In einem Bericht des jungen Haxthausen heißt es: Sie (Aurora und Friedrich August) täten nichts anderes, »als wie Kinder zusammen zu scherzen und zu spielen. Die Königsmarck hatte unendlich viel Geist und war sich immer gleich und amusant, hatte immer ein neues Amusement, das entzückte. Sie besaß alle Routine, einen jungen Fürsten zu bezaubern, der für die Ausschweifungen geschaffen, dagegen in der Kunst, mit delicatesse und plaisir zu lieben, ein arger Neuling war.« Woher das der Mann nur so genau gewußt hat?

Friedrich August hielt sich nach seiner Rückkehr nicht lange in Dresden auf. Er ließ ein Kontingent Soldaten zusammenstellen und kassierte dafür 400 000 Taler Subsidien. Erneut reiste er nach Wien, erneut kämpfte er gegen die Türken. In der Schlacht an der Bega kam es zum größten Zusammentreffen. Der große Sieg war dem Wettiner auch diesmal nicht vergönnt. Die alten kaiserlichen Generale beschuldigten ihn, betrunken in die Schlacht gegangen und daher unfähig gewesen zu sein, einen Sieg zu erringen. Das reichte Friedrich August. Er verwahrte sich gegen die Beschuldigungen und legte den Oberbefehl nieder. Nach Dresden zurückzukehren, lockte ihn nicht. Er wollte sich in Wien von den monatelangen Strapazen des Feldzugs erholen. In der Hofburg verstand man zu feiern. Und die Damen zeigten durchaus Interesse für den jungen Mars. Eine Liaison bahnte sich an. Friedrich August lernte die Gräfin Esterle kennen, eine temperamentvolle Wienerin. Sie war verheiratet. Aber das war ihr kein Grund, den Fürsten nicht zu trösten. Gewiß hat er viel Trost benötigt, und gewiß hat er sich gern trösten lassen nach all den Anstrengungen im Feldlager.

# EIN VATER UND ZWEI MÜTTER

BEVOR Friedrich August im frühen Sommer nach Wien abreiste, nutzte er die Zeit in Dresden, um für das Haus Wettin Nachwuchs zu zeugen. Bald hieß es, die Kurfürstin sei schwanger. Es ist anzunehmen, daß auch Maria Aurora davon erfuhr. Es wird sie tief getroffen haben. Denn auch sie erwartete ein Kind. Aber das verheimlichte sie. Ehe ihre Schwangerschaft sichtbar wurde, verließ sie die Residenz. Biographen rühmen ihren Takt, ihr Feingefühl, heben ihre Rücksicht gegenüber der Kurfürstin hervor. Vielleicht haben sie recht. Aber ist es nicht denkbar, daß sie Verletzungen und Erniedrigungen aus dem Weg gehen wollte? Am 17. Oktober 1696 kommt der Kurprinz Friedrich August zur Welt. In Dresden und Bayreuth werden Ehrenböller abgeschossen. Das Haus Wettin hat einen Nachfolger, Christiane Eberhardine hat ihre Pflicht erfüllt. Die Thronfolge ist gesichert, wenn der Junge am Leben bleibt. Er sollte Christiane Eberhardines einziges Kind bleiben und Friedrich Augusts einziger legitimer Nachfolger. Elf Tage später läßt der Superintendent Henrici ins Taufbuch der Marktkirche in Goslar eintragen: »Den achtundzwanzigsten October im Jahre sechzehnhundertsechsundneunzig, abends zwischen sieben und acht Uhr, ist von der vornehmen Frau in N. Heinrich Christoph Winkels Haus ein Söhnchen geboren, und den 30. ejusd. getauft, des Abends im Hause von M. S. Alb, und mit dem Namen

*Graf Moritz von Sachsen, Sohn der Gräfin Königsmarck.*
*Kupferstich von A. G. de Marcenay.*

Mauritius dem Herrn Jesu einverleibt. Gevater haben gestanden Hr. Dr. Trumpf, R. R. Dufings und R. Heinrich Christoph Winkel.« Maria Aurora verschwieg den Vater des Kindes. Aber sie schickte einen Kurier nach Wien, nachdem schon ein Kurier aus Dresden die freudige Nachricht von Christiane Eberhardines Mutterschaft überbracht hatte. Friedrich August erfuhr also von seiner zweimaligen Vaterschaft. Das schien ihn nicht sonderlich aufzuregen. Nach Dresden jedenfalls kehrte er deshalb nicht sofort zurück. Dort erwarteten ihn nur Arbeit und Vorhaltungen: Christiane Eberhardine, die gewiß von dem Kind der anderen wußte, die Königsmarck, die ihre Ansprüche stellen würde. Solche Unannehmlichkeiten mochte er nicht. In den Armen der Esterle zu liegen, war angenehmer. Er entschied, noch einige Zeit zu bleiben. Waren die Söhne gesund, dann blieben sie ihm erhalten. Joseph, dem er von seinem Glück berichtete, grinste. Und was fing er, Friedrich August, mit der Esterle an? Er wollte nicht auf sie verzichten. Er wußte, daß sie hoffte, ihn nach Dresden begleiten zu dürfen. Verwicklungen, nichts als Verwicklungen, dachte der Türkenbezwinger. Dennoch beschloß er, die Esterle in seine Residenz mitzunehmen. Mochte Dresden, mochten die Kirchenmänner ihre Mäuler wetzen. Er war der Kurfürst, was er tat, ging keinen etwas an. Ich nehme sie mit, sagte er zu Joseph. Wir können doch nicht immer nur unseren Pflichten leben. Dieser Satz gefiel, und Joseph lachte derb. Gib mir Wein, Joseph. Wir wollen es begießen.

Maria Aurora gab ihre Verschwiegenheit auf. Nur sie kann es gewesen sein, die den Namen des Vaters preisgab. Und wieder fegte eine Welle des Klatsches durch die Residenzen. Am 4. Dezember schrieb Sophie von Hannover, einst eine Vertraute Auroras: »Alles, was man mir von der Königsmarckin hatte geschrieben, war nur Mutmaßung, aber nun ist sicher, daß sie zu Goslar, einer Reichsstadt beim Harz, von einem Sohn niedergekommen ist; sie soll gesagt haben, nun hätte sie ihre Wette gewonnen. Sie ist nun schon wieder zu Dresden. Der Kurfürst zu Dresden ist auf der Post da wieder angelangt, hat denselbigen Tag, nachdem er bei seiner Gemahlin ist gewesen, im Ballhaus gespielt und nach dem Ring gerannt, ohne zu der Königsmarckin zu gehen, will vielleicht seiner Mätresse zu Wien keine Jalousie geben.« Wilhelmine, die spätere Markgräfin von Brandenburg-Bayreut und Schwester Friedrichs des Großen, bemerkte, daß Friedrich August »also auff einmahl zwey söhne daher gesetzt bekam. Man hatte geglaubt, daß er keine Kinder zeugen kann«. Auch Liselotte von der Pfalz hielt am 2. Januar 1697 fest: »Die Aurora Königsmarckin muß eine wunderliche Creatur sein und ganz ohne schamhaftigkeit, daß sie bürgermeister und in einer stadt zu zeugen nimbt, wie sie einen bastard auf die Welt bringt. Mich deucht, Teutschland wird ganz anders, alß es zu meiner Zeit war, denn von solchen unverschämbten sachen habe ich nie gehört...«

Als sich Maria Aurora von der Geburt erholt hatte, reiste sie nach Dresden. Nun galt es, sie hatte einen Sohn. Seine Zukunft mußte gesichert werden. Es ist nicht bekannt, ob sie von der Esterle wußte.

Ich stelle mir vor: Niemand hat sie vor der neuen Mätresse gewarnt. Sie sah Friedrich August, an seiner Seite die elegante Wienerin, hochfahrend. Sie sah es auf den ersten Blick, es war passiert, was sie oft befürchtet hatte. Er wollte sie nicht mehr. Sie war darauf vorbereitet gewesen. Aber nun, da dies eingetreten war, war sie tief verletzt. Kein Billett, keine Nachricht, kein Wort zu seinem Sohn hatte er ihr zukommen lassen. Sie hatte ausgedient, war seine Mätresse gewesen. Mätressen hatten keinen Anspruch. Solange sie in Gunst standen, wurden sie verehrt. Man weidete sich an ihrem Unglück. Sie zog sich vom Hof zurück. Sie war eine Königsmarck; sie hatte ihren Stolz. Sie würde dem Kurfürsten und der Esterle keine Handhabe geben, sie zu demütigen.

Aber in einem war sie nicht bereit nachzugeben. Zog sie eine Summe ihrer Dresdner Zeit? Ihres Bruders wegen war sie in die Residenz an der Elbe gekommen. Friedrich August hatte versprochen, ihr bei den Nachforschungen zu helfen. Aber selbst seine Zusicherung war schon anfangs halbherzig gewesen. Das hatte sie schnell gespürt. Gelegentliches Drängen hatte ihm mißfallen. Schließlich gab sie es ganz auf, ihn zu erinnern. Er hatte nur sie gewollt. Und sie hatte es gewußt und sich auf ihn eingelassen. Das war ihre freie Entscheidung gewesen. Ziemlich offen wurde über Mord an Philipp gesprochen. Sie wollte es nicht glauben, aber im tiefsten Inneren kamen ihr Zweifel, ob Philipp noch am Leben sei. Ein Mensch – und schon gar nicht ihr lebensfroher Philipp Christian – verschwand nicht spurlos. Vielleicht war er doch nur in Verwahrsam gesetzt. Und was sie selbst betraf, nichts hatte sie in den Händen. Eine Stellung am Dresdner Hof war nun nicht mehr möglich. Und im Quedlinburger Stift war sie nicht weiter gekommen. Sie hatte es deutlich bei ihrem letzten Besuch gespürt: Dort mochte man sie nicht, wies sie ab, ließ sie fühlen, daß sie eine Verruchte sei. Aber das hatte sie nicht allzu sehr berührt. Sie wollte eine

Stellung, sie wollte gesicherte Einnahmen. Quedlinburg versprach dies. Dafür war sie bereit, sich von Dresden zurückzuziehen, nein, auf Quedlinburg wollte sie nicht verzichten. Sie wollte Äbtissin werden. Daran würde sie den Kurfürsten erinnern, ob es ihm angenehm war oder nicht. Sie wollte auf ihre Art kämpfen. Fast liebenswürdig begegnete sie ihrer Rivalin.

Die Esterle war mißtrauisch, sie wollte es nicht glauben, daß die andere so widerstandslos das Feld räumte. Sie ließ Maria Aurora heimlich beobachten. Was ihr berichtet wurde, gefiel der Wienerin. Nichts, was sie hätte ärgern oder gar ängstigen müssen, geschah. Das machte sie vollends sicher. Der Kurfürst war verrückt nach ihr. Solange seine Zuneigung hielt, wollte sie für sich herausholen, was herauszuholen war.

Der Kurfürst, der Verwicklungen dieser Art haßte, war der Königsmarck dankbar. Sie machte ihm keine Szenen, stellte ihn nicht zur Rede. Sie war ein kluges Frauenzimmer. Das hatte er zuvor an ihr nie sonderlich geschätzt. Aber jetzt empfand er Hochachtung für die Königsmarck. Er versprach seine Hilfe. Sie hatte recht. Um den Sohn mußte er sich kümmern.

In dieser Zeit geschah etwas Merkwürdiges. Auroras Entlassung als Mätresse sprach sich an den Höfen schnell herum. Die Damen waren voller Schadenfreude. Aber Maria Aurora – schon über Mitte dreißig – war immer noch eine Schönheit, die Männer anzog. Bewerber stellten sich ein, hielten um ihre Hand an. Einer von ihnen war der verwitwete Christian Ulrich von Württemberg. Friedrich August stimmte einer Verbindung nicht zu, heißt es in älteren Berichten. Dies ist durchaus möglich. Aus einem Brief von Auroras Schwester geht hervor, daß der Prinz von Württemberg um Aurora warb. »Alle Schwierigkeiten, die sie macht, rühren daher, daß sie nicht weiß, wie der König die Sache aufnehmen wird.« Aber auch sie selbst wollte ihn wohl nicht. Warum? bleibt ein Rätsel. Es wäre durchaus eine standesgemäße Heirat gewesen. Und ihm, Friedrich August, hätte doch nichts gelegener kommen können, als seine ehemalige Mätresse versorgt zu wissen. Dann wäre er aller Sorgen ledig gewesen. Ob Maria Aurora überhaupt mit dem Gedanken spielte, sich mit dem Herzog Christian Ulrich zu liieren, ist nicht bekannt. Wollte oder konnte sie sich nicht binden? Liebte sie das unstete Leben, oder war ihr nur daran gelegen, Friedrich August nicht zu verärgern? Wir werden es nie erfahren. Die große Briefschreiberin schweigt. Aber in einem blieb sie weiter entschlossen: Sie wollte Äbtissin werden. Eine dramatische Zeit stand Maria Aurora bevor. Sie wird in Quedlinburg viele Anfeindungen erfahren müssen.

## DIE VERKAUFTEN DAMEN

QUEDLINBURG im nordöstlichen Harzvorland entstand im Zuge der Eroberung der slawischen Gebiete. Der erste deutsche König Heinrich I., Ungarnbezwinger und Sieger über die slawischen Stämme, bezeichnete den Ort erstmals in einer Urkunde »villa quae dictur Quitilingaburg«. Mit der Villa war wohl der Königshof unterhalb des Burgbergs gemeint. Heinrich verstärkte den schon bestehenden Siedlungspunkt mit einer Wehrburg. Die Stadt hat in der deutschen Geschichte ihren Rang. Der König hielt sich oft in ihr auf. Die Legende berichtet, daß er in Quedlinburg die Reichsinsignien erhalten hat, was nicht den Tatsachen entspricht. Heinrich zeichnete die Stadt über seinen Tod hinaus aus, indem er sie zur letzten Ruhestätte erwählte. Er und seine Frau sind in der Pfalzkirche beigesetzt.

Das freiweltliche Damenstift war eines der ältesten in Deutschland. Es wurde 936 von Heinrichs Frau Mathilde gegründet und geleitet. Erste Äbtissin war die Tochter Ottos I. aus dem Herrschergeschlecht der Ottonen. Ihr folgten bis zum Ende des 11. Jahrhunderts nur Töchter aus dem Kaiserhaus, später hochgestellte fürstliche Damen. Das brachte Quedlinburg Vorteile. Das Stift wurde reich mit Besitz belehnt und unterstand dem Schutz des Kaisers. Die Äbtissinnen waren unabhängig und nicht dem Bischof in Halberstadt unterstellt. Sie hatten die Interessen des Kaisers zu vertreten und wußten ihre

Macht zu gebrauchen, oft gegen die Quedlinburger Bürger. Das Stift erhielt noch ein weiteres Privileg. König Otto III. verlieh ihm das Markt-, Münz- und Zollrecht. Zwar büßten die Äbtissinnen im Laufe der Jahrhunderte einige Macht ein, sie blieben aber dennoch von großem Einfluß auf die Stadt und die Bürgerschaft. Und: Das Stift erbrachte den führenden Damen zuverlässige Einnahmen. Sie und vor allem der Rang interessierten Maria Aurora. Das Stift war also durchaus in Deutschland eine Größe. Die Äbtissinnen waren im Rang den Reichsfürsten gleichgestellt.

Friedrich August war Schutzherr des Stiftes, er hatte ein gewichtiges Wort bei der Besetzung der Ämter mitzureden. Darauf baute Maria Aurora. Aber auch der Kaiser des Heiligen Römischen Reiches Deutscher Nation mußte ihrer Ernennung zur Äbtissin zustimmen. Das Stift war ein kaiserliches Lehen. Leicht würden all diese Hürden, das ahnte sie, nicht zu nehmen sein. In Quedlinburg waren mehrere adelige Damen nicht an einer ausgedienten Mätresse interessiert. Eine Hure im Stift, nein, das wollten sie nicht. Eine Frau mit einem Bastard, das widersprach jeder Gepflogenheit. Leitende Stiftsdamen waren Prinzessinnen und hochrangige adelige Töchter. Schon aus dieser Sicht war ihnen Maria Aurora von zu niedriger Geburt. Sie wird die Anfeindungen nicht widerstandslos hinnehmen. Aber eines konnte sie nicht verhindern. Unerwartet verknüpften sich Zeitenläufe mit ihrem Schicksal und dem Stift. Sie sollten alles in Frage stellen.

1697 trat Friedrich August I. in Baden bei Wien zur katholischen Konfession über. Der polnische König Jan Sobieski war 1696 gestorben. Eine Krone galt es

*Schloß- und Stiftskirche St. Servatius in Quedlinburg.*

zu vergeben. Friedrich August war gewillt, den Thron zu erwerben. Es drängte ihn nach Machtzuwachs, nach Rangerhöhung. Darin stand er den anderen deutschen Kurfürsten nicht nach. Auch die Hohenzollern, Welfen, Wittelsbacher trachteten nach der Königswürde. Zahlreiche Bewerber traten in Polen an. Der Wettiner ließ sein Geld arbeiten, bestach Adelige und Kirchenmänner. Schließlich hatte er Erfolg. Im September 1697 wurde er im Krakauer Wawel als August II. zum König der Polen gekrönt.

Maria Aurora war bei den Feierlichkeiten dabei. Das war Friedrich Augusts Wunsch gewesen. Hat sie sich über den Mann amüsiert, der in Samt und Hermelin die Krönungsprozedur geduldig ertrug? Gewiß genoß er den Triumph. Er hatte sich gegen zahlreiche Bewerber durchgesetzt, war vor den Hohenzollern und Wittelsbachern König geworden. Da stand er gesalbt und von Weihrauch umweht und versprach den Polen, ihr Land erblühen zu lassen. Das von Schweden besetzte Livland (Litauen) wollte er dem Weißen Adler zurückgewinnen, die vernachlässigten polnischen Festungen instandsetzen. Es war viel, was er versprach, zu viel. Und sie sah Schwierigkeiten voraus. Ihr Gefühl sollte sie nicht trügen. Polen war ein großes Land und schwer regierbar. Nicht der König, sondern die großen adeligen Familien bestimmten dessen Schicksal. Friedrich August, nun August II., sollte es schnell mit ihnen zu tun bekommen. In einer einsichtigen Stunde wird er die polnische Krone als »Dornenkrone« bezeichnen. Aber noch konnte sie nicht ahnen, daß die Erwerbung des Throns ihre Pläne in Frage stellen sollte. Beunruhigt verließ sie das alte Krakau.

Die Krone kostete Sachsen viel Geld, und was der

*August III. als polnischer König.*
*Ölgemälde von L. d. Silvestre.*

Wettiner der polnischen Republik versprach, sollte ihm noch teurer kommen. Um zu Geld zu gelangen, verkaufte er Abtei, Quedlinburg und Stift für 40 000 Taler an Brandenburg-Preußen. Dieser Verkauf traf Maria Aurora schwer. Sie hatte einige Damen für ihre Wahl zur Koadjutorin gewonnen, insbesondere die Äbtissin und Herzogin Anna Dorothea. Die Herzogin muß an der Schwedin Gefallen gefunden haben. Sie hatte eine Urkunde ausgestellt, in der sie Maria Aurora zu ihrer Stellvertreterin bestimmte. Dennoch war ihre Position schwach. Maria Aurora war im Zweifel, ob die Äbtissin zu ihrem Wort stehen würde. Auf die Unterstützung Friedrich Augusts jedenfalls konnte sie jetzt nicht mehr setzen.

Der Verkauf erregte auch die Stiftsdamen. Anna Dorothea von Sachsen-Weimar war von dem Handel nicht informiert worden. Sie wie das ganze Stift waren über den Schutzherren Friedrich August empört. Auch für Maria Aurora wurde Partei ergriffen: »Daß August durch diesen Verkauf einer ganzen Abtei sich bei aller Welt in Nachteil setzt, daß er der Mutter seines Sohnes Moritz so gut wie alle Zukunftshoffnungen zerstörte, daran dachte der großzügige Herrscher von Polen und Sachsen nicht einen Augenblick«, heißt es in einer zeitgenössischen Quelle. Aus anderen Berichten geht hervor, daß Maria Aurora »verzweifelt« war. Sie hatte mit der Hilfe des Kurfürsten gerechnet. Nicht ohne Grund. Friedrich August hatte im August 1697 in einem Brief aus Krakau an die Äbtissin Maria Auroras Wahl zur Koadjutorin, zur Stellvertreterin der Äbtissin, gefordert. Am Kaiserhof in Wien hatte er dazu Verhandlungen angestrengt. Wieder einmal mußte sie erfahren, wie schnell fürstliche Versicherungen vergessen waren.

Aber sie nahm die Rückschläge nicht tatenlos hin. Es ging um ihre Existenz. Sie reiste im Januar 1698 zur Leipziger Messe. Was sie bei Friedrich August, der sich dort aufhielt, erreichte, ist unbekannt. In den Verträgen zwischen Brandenburg-Preußen und dem polnischen König sollen allerdings Maria Auroras Ansprüche festgehalten worden sein.

Der Verkauf geriet zu einem Eklat von einigem Aufsehen. Das Stift lehnte den Handel ab. Die Damen weigerten sich, den neuen Schutzherren, den Kurfürsten von Brandenburg, anzuerkennen. Sie lehnten die Huldigung ab. Das mißfiel dem Hohenzollern, mißfiel ihm außerordentlich. Von Damen ließ er sich nichts diktieren. Kurfürst Friedrich III. schickte Truppen nach Quedlinburg. Sie besetzten das Stift und brachten die Damen zur Vernunft. Danach huldigten sie ihm offiziell, gaben aber ihre feindliche Haltung gegen den Hohenzollern nicht auf.

Auch Maria Aurora handelte. Sie sagte sich in Berlin an. Es gelang ihr, beim Kurfürsten eine Audienz zu erhalten. Sie setzte ihn ins Bild. Friedrich Wilhelm erkannte schnell, wie verworren die Lage war. Maria Auroras Ablehnung durch die Damen, das zögerliche Verhalten des Kaisers, der Ungehorsam der Stiftsdamen gegen ihn. Gewiß ließ sie all ihren Charme spielen, gab sich in die Hand des Fürsten. Maria Aurora muß Friedrich Wilhelm angenehm gewesen sein. Er verstand ihre Ansprüche und versprach zu helfen. Er werde sich darum kümmern, versicherte er. Das Wort eines Mannes, das Wort eines Herrschers. Sie gab nicht allzu viel darauf. Zu oft war sie enttäuscht worden. Dennoch verließ sie mit leiser Hoffnung Berlin. Und in der Tat sollte sie sich nicht in dem Hohenzollern irren. Er ließ die

Äbtissin in einem Brief wissen: »So wollen wir die Sache bei der Äbtissin von Quedlinburg und dem Kapitel daselbst, so viel eines jeden Theiles habenden Rechte zulassen, dahin ermitteln helfen, daß die Gräfin Fräulein Aurora von Königsmarck zu Koadjutorin der Abtei von Quedlinburg möge angenommen und in das jenige, was davon dependiert, angewiesen werden...«

Wog sich Maria Aurora in der Gewißheit, am ersten Ziel zu sein? Ihre Schwester, die Gräfin Löwenhaupt, schrieb am 4. Januar 1698: »Meine Schwester ist gestern nach Leipzig und Quedlinburg abgereist. Die dortige Sache ist auf dem Punkt des Gelingens oder des Scheiterns für immer.« Maria Auroras rastloser Einsatz hatte sich gelohnt. Im Mai 1700 wurde sie zur Pröbstin gewählt. Ihre ärgsten Feindinnen blieben der Wahl fern. Zu Maria Auroras Einführung läuteten die Glocken in Quedlinburg. Die Äbtissin Anna Dorothea hatte Maria Aurora nach ihrem Tod schriftlich zur ihrer Nachfolgerin bestimmt. Maria Aurora durfte hoffen, an deren Stelle zu treten. Ihre Förderin war alt, mit ihrem Ableben war zu rechnen. Aber wieder einmal entwickelten sich die Dinge gegen Aurora. Sie reiste viel. Ihre Abwesenheit wurde genutzt, um gegen sie zu intrigieren. Anna Dorothea mißfiel Auroras gutes Verhältnis zu Friedrich Wilhelm. Sie verzieh es ihm nicht, daß er das Stift und die Damen gekauft und wie eine Ware behandelt hatte. Auf ihrem Totenbett bestellte sie entgegen ihrer ursprünglichen Zusage eine andere zu ihrer Nachfolgerin. Maria Aurora war verbittert. Mit dieser Wendung hatte sie nicht gerechnet. Aber ihr blieb keine andere Wahl. Sie mußte weiter kämpfen. Ihre finanziellen Bedingungen waren mehr als prekär. Sie beanspruchte die Stelle der Äbtissin. Das ließ sie den Schutzherren und den Kaiser in Wien wissen. Aber Wien und Berlin waren weit, ihre Feindinnen hingegen nah. 1704 versagten sie Maria Aurora das Amt. Die Damen, die sie dazu wählen müßten, ließen sie wissen, daß einer abgedankten Mätresse mit einem illegitimen Kind eine solche Würde und Pfründe nicht zustehe. Sie wählten eine andere zur Äbtissin. Diese Wahl wurde weder in Berlin noch in Wien anerkannt. Schließlich erreichte Maria Aurora, daß keine neue Äbtissin in das Stift eingeführt wurde. Maria Aurora übte die Regierungsgeschäfte als Koadjutorin aus. Das Amt der Äbtissin blieb auf Jahre unbesetzt.

Maria Aurora soll klug und vorausschauend regiert und sich bald über Quedlinburg hinaus Anerkennung erworben haben. Das eingesparte Geld, das der Äbtissin hätte gezahlt werden müssen, verwendete sie zum Bauen. Und: Zeitgenössische Quellen wissen zu berichten, daß mit Aurora als Pröbstin in das bigotte Stift etwas Heiterkeit und Weltzugewandtheit einzogen. Das Ringen um die Wahl einer Äbtissin hielt an. Maria Aurora verweigerte mehrere Jahre die Einberufung einer Kapitelsitzung.

## DIPLOMATIN DES KÖNIGS

Um 1700 verweben sich wieder einmal Zeitenläufe mit Maria Auroras Leben. Friedrich August hatte den Polen versprochen, Liv- und Estland zurückzuerobern. Das aber lag unter schwedischer Krone, die damals zu den Großmächten zählte. In aller Heimlichkeit wurde ein Krieg gegen Schweden vorbereitet. Im Bunde waren der dänische König Frederik IV., der russische Zar Peter der Große und der polnische König August II. Der Däne wollte Schleswig, der Russe das südliche Ufer der Ostsee und das Baltikum. Sie glaubten, ohne große Mühe dem jungen schwedischen König Karl XII. Gebiete abzujagen. In ihren Augen war er ein unerfahrener Jüngling, noch keine 18 Jahre alt. Was sollte er ihrer vereinten Streitkraft schon entgegensetzen können? Sie vereinbarten, an drei Fronten loszuschlagen.

Im Februar 1700 drangen sächsische Truppen in Livland ein. Ihr Ziel war die Eroberung der Festung Riga. Die Schweden leisteten hartnäckigen Widerstand. Die Festung im Handstreich zu nehmen, scheiterte. Friedrich August blieb dennoch guten Mutes, er erhoffte von der polnischen Republik militärische Kontingente und irrte sich. Plötzlich war man im Land des Weißen Adlers gar nicht mehr so begeistert, daß der Wettiner Krieg für Polen führte. Mehr noch: Adel und Reichstag warfen ihm vor, daß er den Krieg ohne die Zustimmung der Republik begonnen hatte. Auch in Livland hatte der Adel, der sich gegen

Schweden erheben wollte, Bedenken, in den Krieg einzutreten. Karl XII. hatte jedem Untertanen, der sich gegen ihn stellte, mit dem Todesurteil gedroht. Im August traf Friedrich August auf dem Kampffeld vor Riga ein. Er forderte den schwedischen Festungskommandanten auf, sich zu ergeben. Der tat ihm nicht den Gefallen. Die Sachsen beschlossen, die Festung zu stürmen. Der Angriff war schlecht vorbereitet. Es fehlte schwere Artillerie. Der Ansturm blieb stecken. Die Belagerung zog sich über Monate hin. Der Winter nahte. Friedrich August ließ seine Truppen ins Quartier ziehen. Damals wurde im Winter selten gekämpft. Er selbst kehrte nach Warschau zurück.

Wieder einmal war der Feldherrnruhm dürr ausgefallen. Damit nicht genug: Frederik war geschlagen worden, noch ehe der Nordische Krieg so recht begonnen hatte. Karl XII. hatte Kopenhagen besetzt. Um seine Haut zu retten, mußte der Däne Frieden schließen. Danach wandte sich Karl XII. gegen Zar Peter I. und tauchte überraschend vor der Festung Narva auf. Als sich die Russen auf den Kampf besannen, war ihre Niederlage besiegelt. Sie verloren ihre Artillerie. Peter floh. Rußland schien für lange Zeit militärisch erledigt.

Es bleibt ein Rätsel, warum der Wettiner den Krieg dennoch fortsetzte. Er allein war niemals in der Lage, gegen Schweden zu gewinnen, zumal Polen ganz offen eine Unterstützung verweigerte. Von Rußland war nicht viel zu erwarten, obwohl es zur Fortführung des Krieges drängte. Die vernichtende Niederlage bei Narva hatte Peters Armee auf Jahre geschwächt. So kam, was kommen mußte: Karl hetzte den Wettiner durch Polen und brachte ihm eine Niederlage nach der anderen bei. Saß Friedrich August im weitläufigen polnischen Schloß, das ihm die Republik zur Nutzung überlassen hatte, und sann über seine Mißerfolge nach? Sah er den Unsinn des Krieges ein? Zeitlebens wollte er Feldherrnruhm, zeitlebens blieb er ihm versagt. Aber Ende des Jahres 1701 muß er seine Niederlage begriffen haben, sonst wäre ihm Maria Aurora nicht willkommen gewesen.

Die genaueren Umstände sind nicht geklärt, warum die Königsmarck nach Warschau reiste. Sie hatte sich zuvor in Breslau aufgehalten. Hatte sie vor, mit dem König über Moritz zu reden? Der Junge war vier Jahre alt und nicht als legitimer Sohn Friedrich Augusts anerkannt. Manche Autoren meinen, sie wollte Karl in Polen treffen, um über ihre Besitzansprüche in Schweden zu reden. Das ist wenig wahrscheinlich. Im Krieg sind solche Angelegenheiten kein Thema.

Löwenhaupt, der Mann ihrer Schwester, hielt sich am Warschauer Hof auf. Er, der ein vorsichtiger und ängstlicher Höfling war, soll die einstige Mätresse bei Friedrich August angemeldet haben. Und was niemand so erwartet hatte, Maria Aurora, die sich nur noch selten in Dresden aufhielt, war dem König sofort willkommen.

Ich stelle mir vor: Er empfing sie überaus höflich, gab sich gelassen und selbstsicher. Aber sie sah es auf den ersten Blick: Es ging ihm nicht gut. Die polnische Krone, von der sie nichts gehalten hatte, brachte ihm nur Sorgen. Sie hatte schon in Krakau zur Krönungsfeier damit gerechnet. Und nun dieser unleidliche Krieg. Und sie dachte wieder an das rohe Geschäft der Männer, das nur Not und Elend über Menschen und Länder brachte. Sie hatte den Kriegsverlauf verfolgt und wußte, wie es um den Wettiner und Polen

*Gräfin Maria Aurora von Königsmarck.*
*Kupferstich.*

stand. Karl hatte alle das Fürchten gelehrt. Aber sie hütete sich, ihre Gedanken auszusprechen. Er erkundigte sich nach ihrem Befinden, fragte beiläufig nach dem Sohn. Sie schilderte seine prächtige Entwicklung, brach aber bald ab, denn es entging ihr nicht, daß der König unruhig vor ihr saß und kaum zuhörte. Die Stille in dem kleinen Salon hatte etwas Tröstliches. Da saß nun der Mann, den sie im Rausch seines Sieges in Krakau erlebt hatte, vor ihr. Polen hatte er groß machen wollen und sein Sachsen. Erreicht hatte er nichts. Er fragte nach ihren Plänen, beglückwünschte sie zur Pröbstin. Sie gab ausweichend Antwort. Dann – plötzlich – wandte er sich ihr heftig zu. Meine Polen danken mir nicht, daß ich für sie diesen Krieg führe. Großmäulig ist der Adel. Er will immer nur haben und haben. Hochmut ohne Grenzen. Wenn es ernst wird, ziehen sie ihren Schwanz ein. Verrat wirft man mir vor und Verstoß gegen die Reichsverfassung. Wir sollten sie ihrem Schicksal überlassen. Und der Zar sinnt auch nur auf seinen Vorteil, bricht sein Wort, schickt kaum Truppen. Wir sollten uns zurückziehen und an uns denken. Endgültig.

Sie empfand deutlich seinen Zorn, seine Wut, auch seine Enttäuschung. Was hatte er denn gedacht? Hatte er sich wirklich der Illusion hingegeben, daß man ihn liebte? Er hatte die Krone erkauft. Ebenso hätte auch ein anderer auf dem polnischen Thron sitzen können, hätte er hoch genug bestochen. Dennoch: Sie horchte auf. Zurückziehen, hatte er gesagt, zurückziehen aus dem Krieg? Das wäre das Vernünftigste. Aber sie kannte seine jähen Umschwünge, sie hielt sich zurück. Schon einmal hatten sie über den Krieg gesprochen, damals in Karlsbad, als er gegen die Türken auszog. Sie hatte Angst um ihn gehabt. Und er hatte gelacht, laut, polternd. Das Glück ist auf meiner Seite, liebste Aurora. Das Glück war nicht auf seiner Seite gewesen und diesmal schon gar nicht.

Mein König, sagte sie, die Polen werden Ihnen niemals danken, selbst, wenn Sie Erfolg hätten. Sie würden Ihren Sieg in den ihren umwandeln.

Friedrich August sah sie an. Es war dieser prüfende Blick, der nichts von seinen Gedanken verriet. Er stand auf und lehnte sich ans Fenster, schwieg. Dann kehrte er ihr den Rücken und schaute hinaus. Das kannte sie, diese Art sich abzuwenden, wenn er angestrengt überlegte. Als sie noch mit ihm zusammen war, hatte sie das gestört. Seltsam, wie wenig dieser Mann sie jetzt berührte. Ja, sie war mit ihm fertig, schon lange. Der Schmerz war zu tief gegangen. Sie hörte deutlich den Schlag des Uhrpendels. Es ging auf fünf Uhr zu. Draußen war es kalt. Es hatte wieder zu schneien begonnen. Auf dem Weg nach Warschau hatte das Land unter hohem Schnee gelegen. Und nachts hatte sie die Wölfe heulen gehört. Es war eine mühselige Fahrt. Die Pferde waren schlecht und der Schlitten sehr hart. Er stand immer noch am Fenster. Es war ihr unbehaglich, daß Friedrich August solange nach draußen schaute. Was hatte er vor? Er sprach doch nicht aus einer Laune heraus mit ihr über den Krieg. Das politische Geschäft hatte er zumeist von ihr ferngehalten. Er hatte es nicht gewünscht, daß sie sich Gedanken machte. Es war ihr recht gewesen. Sie verstand nichts davon und konnte die Helden nicht als Helden feiern. Die Familienchronik war voll von ihnen. Er kehrte zu ihr zurück. Fast beiläufg sagte er: Vielleicht sollten wir mit Karl Frieden schließen. Aber ich bin nicht sicher, daß er darauf eingeht. Was meinen Sie, verehrte Gräfin?

Sie konnte nicht ausweichen. Er hatte sie gefragt, und sie würde ihm antworten, was sie von diesem Krieg hielt. Ohne Vorsicht. Sie hörte wieder den Pendelschlag der Uhr. Gegenüber dem Fenster lag auf der Mauer ein Abglanz von weißblauem Hell. Welch ein merkwürdiger Farbton. Warum hatte sie nur das Malen aufgegeben? Sie sollten Frieden schließen, mein König, sagte sie. Was geht sie Polen an, was Rußland! Die Völker werden es Ihnen danken, sie haben nichts von dem Schlachten. Sie hatte ruhig gesprochen und ihm in die Augen geschaut. Er warf den Kopf zurück, preßte seine vollen Lippen. Ich weiß, Gräfin, ich weiß, Sie halten nichts von unseren Kriegen. Er gab nicht zu erkennen, ob er ihre Antwort billigte. Sie konnte nichts mehr zurücknehmen. Er hatte sie gefragt, und sie hatte ihm ihre tiefste Überzeugung mitgeteilt.

So könnte es gewesen sein. Und so war es: Friedrich August war bereit, mit Karl XII. einen Sonderfrieden zu schließen. Diese Absicht wurde geheimgehalten. Weder die Polen noch seine Verbündeten durften von seinen Plänen erfahren. Maria Aurora erhielt den Auftrag, sich mit dem schwedischen König in Verbindung zu setzten. Wo er sich aufhielt, war in Warschau nicht bekannt. Der schwedische König liebte es, um seine Person Geheimnisse zu legen. Wohl nur Friedrich August wußte von ihrer Aufgabe. Daß sie in offiziellem Auftrag reiste, beweist eine Quittung: »Vier Tausend Reichsthaler Spezies seindt Mier auf aller Gnädigsten Königl. Pohlnisch und Churf. Dl. zu Sachsen Befehl von Dero Groß Cancler Graff von Beuchlingen Gelder durch dessen Cassier Preller zu gewisser angelegenheid Richtig und wohl ausgezahlt worden thue hiermit quitieren bescheinigen.« Auch die Quittung ließ offen, wofür Maria Aurora das Geld erhielt.

Am 29. Dezember 1701 verließ sie Warschau. Ihre engeren Vertrauten, darunter der Schwager Löwenhaupt, ließ sie wissen, daß sie in persönlichen Angelegenheiten zu Karl reise, auch in Löwenhaupts Interesse. Löwenhaupt war Schwede. Mit Kriegsausbruch hätte er den Dienst beim Wettiner quittieren und nach Schweden zurückkehren müssen. Das hatte Karl allen in Gegners Diensten Stehenden befohlen. Wer diesem Befehl zuwiderhandelte, riskierte die Todesstrafe.

Die Reise durch Polen war gefährlich. Recht und Ordnung waren schwach. Wegelagerer und herumlungernde Soldaten nutzten jede Gelegenheit, um zu Geld und Gut zu kommen. Die kleine Begleitung Maria Auroras hätte einen Überfall kaum abwenden können. Es heißt, daß sich Maria Aurora gar selbst mit einer Pistole bewaffnet hätte. Gefährlicher aber waren die Briefe, die sie mit sich führte. Sie durften keinem in die Hände fallen. In einem Schreiben Friedrich Augusts an Graf Piper, den schwedischen Minister, hieß es: »Die Gräfin Königsmarck besucht den Hof des Königs, ihres Herrn, in Privatangelegenheiten; ich benutze so günstige Veranlassung, Sie von meiner Hochachtung für diesen Fürsten zu benachrichtigen (welche Verbindlichkeit gegenüber dem Feind!). Nichts wünsche ich eifriger, als mit ihm in gutem Einverständnis zu leben (wozu dann der Krieg?), da ich jetzt befreit bin von Verpflichtungen, welche mich bisher zum Kriege gegen ihn zwangen (das war eine Lüge). Lassen Sie Uns das gute Einverständnis wieder herstellen; lassen sie es Uns vervollständigen durch neue Bündnisse, welche ich nach der nahen Verwandtschaft und nach der so entschiedenen Zuneigung, welche ich für den König, Ihren Herrn habe, eifrig suche. Ich bitte Sie, allen Zusicherungen, welche Ihnen die Gräfin Königsmarck in meinem Namen macht, Vertrauen zu schenken. Ich verlange nur nach der Freundschaft des Königs, zu meiner eigenen Genugtuung wie zur Vermehrung seines Ruhms.« Welch barocke Wortkaskaden, welche Lügen!

Frei war Friedrich August von seinen Verpflichtungen ganz und gar nicht. Aber das 18. Jahrhundert zeichnet sich dadurch aus, daß Fürsten je nach Laune und Gunst Zusagen und Verträge brachen, vor Mord nicht zurückschreckten. Und: Der Brief belegt, daß Friedrich August Aurora offiziell als Unterhändlerin gewonnen hat. Damit war sie zu seiner Diplomatin aufgestiegen. Friedrich August ging sogar weiter: Er gab Maria einen Brief an seinen Gegner Karl XII. mit. Und der war von höchst verräterischem Inhalt, war ein Stück Geheimdiplomatie. »Ohne den geringsten Widerstand schreibe ich hier an eure Majestät und erneuere den seit einiger Zeit unterbrochenen Briefwechsel. Dieser Schritt wird Ihnen ungewöhnlich scheinen wegen der noch zwischen uns obwaltenden Spannung, welche einige unruhige und eigennützige Menschen zur Beförderung ihrer Privatabsichten zu verlängern wünschen (damit meinte er Zar Peter). Selbst die mir von der Republik gegebenen Versicherungen des Beistands wider Ew. Majestät macht diesen Schritt noch außerordentlicher. Doch ich gestehe es, der Hauptbeweggrund dazu ist unser Verwandtschaft, das Zureden unserer nahen Verwandten und hauptsächlich die Maßregeln einiger Mächte und meiner treulosen Untertanen (den

*Jagdschloß Moritzburg.*

Polen) teils aus unserem Zwiste Vorteil zu ziehen, teils sich durch unser Versöhnung einen Scheinverdienst zu erwerben. Diese Gründe veranlassen mich, Ihnen selbst Friedensanträge zu machen, in der Hoffnung, daß die Vorteile unserer Wiedervereinbahrung solche sehr erleichtern werden, indem sie uns für jeden durch den Krieg erlittenen Verlust entschädigen. Mit Ungeduld erwarte ich hierüber die Antwort Eurer Majestät. Ich hoffe, Sie selbst bald zu umarmen und Ihnen persönlich meinen Eifer für Ihr Bestes zu zeigen.«

Es ist anzunehmen, daß Maria Aurora über den Inhalt der Briefe genau Bescheid wußte. Nicht auszudenken, wenn sie Friedrich Augusts Verbündeten in die Hände fielen. Sie hätten ihm Verrat vorgeworfen. Sein Verhältnis zu Rußland war ohnehin gespannt. Die Suche des schwedischen Hauptlagers im polnischen Winter war zeitaufwendig. Maria Auroras Briefe informierten über den Verlauf der Reise. Von Königsberg begab sie sich nach Kurland. Am 18. Januar war Maria Aurora noch immer im ungewissen, wo sich Karl aufhielt, aber sie wußte, wo sie Graf Piper mit der schwedischen Kanzlei treffen konnte. Dort erhoffte sie weitere Hinweise.

Graf Piper, dem der Krieg mißfiel, empfing Maria Aurora. Von ihr erfuhr er, daß sie beauftragt sei, Karl um Frieden zu bitten. Sie überreichte ihm die Briefe und bat um eine Geheimaudienz beim schwedischen König. Der Minister versprach, sich für sie zu verwenden. Die Frau muß ihn stark beeindruckt haben, denn sie ließ ihn und Karl wissen: »Binnen kurzer Zeit werden Sie sehen, welcher Verlaß auf die Polen ist. Hüten Sie sich, von ihnen betrogen zu werden.« Und sie riet, »vorteilhaften Frieden immer dem zweifelhaften Erfolg des Krieges vorzuziehen«. Eine erstaunliche Frau!

Graf Piper hielt sein Wort. Maria Aurora reiste nach Würzau, unweit von Mittau. Dort wollte sie Karl treffen. In einem Bericht heißt es: »Man wies ihr ein gutes Logis an, und jede an einem solchen Ort mögliche Aufmerksamkeit, jedes Vergnügen wurde ihr zuteil. Graf Piper war auch geneigt, ihr eine Privataudienz zu verschaffen; der König aber ging nicht darauf ein, weil er wußte, daß Augusts Friedensbedingungen mit seinen Plänen auf die polnische Republik unvereinbar waren.« Karl empfing sie nicht. Er soll sie verachtet und als Hure bezeichnet haben.

Eine andere Frau hätte nach dieser Abweisung gewiß aufgegeben. Sie nicht. Sie folgte Karl ins nächste Feldlager. Wohl wissend, daß ihr niemand mehr helfen konnte, entschloß sie sich, Karl zu stellen. Legende oder Wahrheit? – das ist nicht genau verbürgt. Von Karl war bekannt, daß er gern allein ausritt. Sie erkundete seinen Reitweg und stellt sich ihm mit einer Kutsche in einem Hohlweg in den Weg. Er sah die

Frau aussteigen, zog den Hut und ritt davon. Voltaire schrieb in seinem Buch über Karl XII.: »Alle Reize der Weiblichkeit waren bei einem Mann, wie dem König von Schweden, verloren ... So gewann die Gräfin auf ihrer Reise nichts als die Genugtuung, sich einbilden zu können, der König von Schweden fürchte nur sie...«

Maria Aurora schickte Kuriere nach Warschau. Sie informierten über die mißlungene Mission. Sie fügte aber hinzu, daß sie sich weiter um eine Übereinkunft mit Karl bemühe. Friedrich August muß zu diesem Zeitpunkt noch immer entschlossen gewesen sein, Frieden zu schließen. Und: Er muß weiter auf Maria Aurora gesetzt haben. Er befahl seinem Stallmeister Graf Friedrich Vitzthum von Eckstädt, zu seiner Unterhändlerin zu reisen. Auch er war mit gewissen Briefen versehen. Und ihm hatte der König aufgetragen, sich mit Maria Aurora zu verständigen. »Alldann hat er zuforderst bey der Gräfin Königsmarck sich anzugeben, nach dem Zustand der anvertrauten Affaire sich zu erkundigen und nachdem Sie bey Beschaffenheit der Umbstände es dienlich findet, mit Übergebung seiner Depesches zu eilen oder innezuhalten.« Maria Aurora also sollte entscheiden, ob es Sinn hatte, die Mission fortzusetzen. Und sie entschied. Noch einmal wandte sie sich an Piper, von dem sie wußte, daß er ihre mißlungenen Bemühungen bedauerte. Das Dokument blieb erhalten und verriet wieder eine Frau von kluger Entschlußkraft: »Hier ist Herr von Vitzthum, der einen Brief bringt, ich weiß nicht, was er enthält, aber ich zweifle nicht, daß es Zeugnisse der Achtung und zärtlichen Verehrung sind. Es ist wahr, daß anfangs der König von Polen alles gegen unseren unvergleichlichen Herrn unternommen hat, aber das geschah in einer Zeit, wo er ihn noch nicht aus seinen großen Taten kennt wie jetzt. Seitdem sein Ruhm so bedeutend ist, kann er nicht mehr sein Gegner sein, das ist eine Unmöglichkeit. Zuletzt ist er nun entschlossen, seine Freundschaft wiederzugewinnen, um welchen Preis es auch sei, und ich versichere Sie, mein Herr, darin ist keine Spur von Furcht, denn der König von Polen hat auch große Erfolge gehabt, sondern es geschieht aus reiner Neigung und Wertschätzung. Was will denn der König von Polen machen? Man kann nicht immerfort die hassen, welche uns lieben.« Und sie ließ Piper am Ende des Briefes wissen: »...es gäbe nichts, das ich nicht unternähme, um mich meiner Aufträge zu entledigen.« Aber sie fürchtete mehr als sie hoffte. Der letzte Satz lautet: »Ich bin in Verzweiflung, mit einem so wichtigen Geheimnis umkehren zu müssen, aber ich sehe keinen Ausweg mehr.«

Vitzthum versuchte, zu Karl vorzudringen. Als der Schwede davon erfuhr, war er erbost. Karl ließ den Unterhändler des polnischen Königs festsetzen.

Geschichtliche Entwicklungen werden stark von Persönlichkeiten bestimmt. Ihre Ambitionen und Machtvorstellungen steuern Läufe. Wäre Maria Auroras Mission erfolgreich verlaufen, was wäre Polen, Schweden und Sachsen erspart geblieben. Karls Biographen stellen den jungen schwedischen König als Frauenverächter dar. Karl nahm das Friedensangebot seines Gegners überhaupt nicht zur Kenntnis. Er wollte nicht nur den polnischen König besiegen, sondern auch Zar Peter I. Grundsätzlich, ließ er seine Gegner wissen, verhandele er nur mit den Besiegten in ihren Hauptstädten.

Nach der gescheiterten Mission in Livland verließ

*Karl XII. von Schweden, 1682-1718.*

Maria Aurora Polen. Sie kehrt nach Quedlinburg zurück. Ihr Versuch, im Auftrag Friedrich Augusts Friedensgespräche anzubahnen, wurde bekannt. Und wieder einmal weideten sich die Höfe. Die einstige Mätresse als Diplomatin, das konnte nicht gutgehen. Sogar Spottverse erschienen. In einem heißt es: »Die Gräfin räumte nur das Feld; / Doch kommt die rechte Göttin süßer Liebe / Und klopfet an – o Mars, du starker Held, / Wer weiß, ob deine Tür verschlossen bliebe?«

Der Nordische Krieg ging weiter. Karl XII. schien unbesiegbar. Sachsen-Polen verlor eine Schlacht nach der anderen. Schließlich zwang der Schwede Friedrich August, auf die polnische Krone zu verzichten. Karl marschierte mit seinen Truppen in Sachsen ein. Auf Kosten des Kurfürstentums rüstete er seine Kontingente auf und bereitete sie zu einem neuen Kriegszug gegen Rußland vor. Das Zarenreich hatte sich inzwischen von seiner Niederlage bei Narva erholt. Bei Poltawa, etwa in der Mitte zwischen Donez und Dnepr, kam es im Juni 1709 zwischen Schweden und Rußland zur größten Schlacht im Nordischen Krieg. 30 000 Schweden standen 42 000 Russen und andere Völker gegenüber. Karl hatte sich überschätzt. Er verlor und mußte fliehen. Das Bündnis Sachsen-Polen, Dänemark und Rußland wurde erneuert. Friedrich August holte sich die polnische Krone zurück. Der Krieg sollte insgesamt 21 Jahre dauern. Rußland ging als großer Sieger hervor. Schweden, das seit dem Dreißigjährigen Krieg zur Großmacht aufgestiegen war, fiel in die politische Bedeutungslosigkeit zurück. Preußen erstarkte. Und Sachsen, das so gern eine Landverbindung nach Polen gehabt hätte, ging völlig leer aus. Friedrich August mußte sich mit erbeuteten Fahnen und Kriegszeichen zufrieden geben. Ein karges Ergebnis, für das so viele starben, und das Sachsen und Polen Millionen und aber Millionen Taler gekostet hat.

Erfuhr sie den Spott auch in Quedlinburg? Die Quellen schweigen, aber es ist anzunehmen, daß ihre mißlungene Mission nicht gerade ihre Position im Stift stärkte. Maria Aurora versuchte noch einmal, mit Karl ins Gespräch zu kommen, um ihre Vermögensverhältnisse zu klären. Sie wollte die Gelegenheit nutzen, als sich Karl in Leipzig als Sieger feiern ließ. Als Karl ihren Namen auf der Gästeliste entdeckte, schloß er sie von der Teilnahme aus. Er soll sie erneut als Hure, die auf keinen Rang Anspruch hat, bezeichnet haben. Welch ein tugendvoller König nordischer Sauberkeit! Über ihn, der Hofkleidung verachtete, der die Militärlager den Schlössern vorzog, heißt es in einem Bericht: »Während alles um ihn dem Genusse sich hingab, stand der kaum vierundzwanzigjährige Held in ernster Besonnenheit da und erregte, den Verlockungen der Genüsse unzugänglich, das unheimliche Gefühl, als trage er, wie den Panzer auf der Brust, ein Eisenherz.« Es bleibt ungeklärt, warum dieser Mann Maria Aurora so abgrundtief verachtete, warum er sie immer wieder abwies und demütigte. Haß kann unergründlich sein.

MARIA Auroras finanzielle Situation hatte sich nicht gebessert. Die 4000 Taler Einnahmen pro Jahr aus ihrem Amt reichten bei weitem nicht. Spekulationen mit Gütern brachten nicht den erwünschten Erfolg. Die hohen Schulden, die ihr Sohn Moritz machte, trieben sie weiter in Abhängigkeiten. Sie borgte Geld, um die Verbindlichkeiten des Sohnes zu begleichen. Erneut versuchte sie, die beschlagnahmten Güter in Schweden und im Bremischen zurückzuerhalten. Am 23. November 1706 bat sie Karl in einem Brief, ihr die Besitzungen zur ihrer freien Disposition zu überlassen. Carolus, so unterschrieb er eigenhändig, lehnte ab. Sie war inzwischen an die 44 Jahre alt und ihr Gesundheitszustand nicht mehr der beste. Sie hoffte noch immer, Äbtissin zu werden. Aber zunehmend wuchs die Opposition gegen sie. Die Gräfinnen von Schwarzenburg und die Herzogin Marie-Elisabeth von Holstein-Gottorp ließen ihrem Haß freien Lauf. Am liebsten hätten sie Maria Aurora vom Stift entfernt, aber das war auch ihnen nicht möglich. Das Leben im Stift mußte der einst so umworbenen und fröhlichen Aurora zur Qual werden. Aber sie hielt es dort aus. Wohin sollte sie sich auch wenden? Die Jahre ihrer Schönheit waren verflossen. Sie soll mit zunehmendem Alter dick geworden sein.

Das Jahr 1718 wird für Maria Aurora zur Niederlage. Die Wahl einer neuen Äbtissin vermochte sie nicht mehr zu verweigern. Die Pröbstin setzte noch einmal alles daran, zu dieser Würde und höheren Pfründen zu gelangen. Sie versicherte sich im voraus der Zustimmung in Preußen. Auf Friedrich August konnte sie schon lange nicht mehr bauen. Er hatte ja das Stift samt Abtei verkauft. Die hochadeligen Damen warteten auf die Gunst der Stunde. Maria Aurora war wieder einmal auf Reisen. Ein Komplott wurde geschmiedet, die Wahl vorgezogen. Marie-Elisabeth von Holstein-Gottorp wurde zur Äbtissin gewählt. Maria Aurora nahm die Niederlage erneut nicht hin. Sie wandte sich an den preußischen König, sie wandte sich an Kaiser Karl und erzielte einen Teilerfolg. Man ließ die Quedlinburger Damen wissen, daß die Wahl ungültig sei. Aber Wien war weit, und der preußische König verspürte wenig Neigung, sich für Maria Aurora einzusetzen. Die Angelegenheit verlief im Sande. Maria Aurora, wohl dem Namen nach die Zweite im Stift, wurde an den Rand gedrückt. Schließlich wurde die Wahl Maria-Elisabeths von Gottorp hingenommen. Maria Auroras Ringen um die Äbtissin, das mit ihrem Besuch in Dresden im Jahre 1694 begonnen hatte, fand endlich ein Ende. Welch ein häßliches, spannungsvolles Leben muß sie in Quedlinburg geführt haben. Begriff sie, daß sie auf niemanden zählen konnte? Das Verhältnis zu Friedrich August, dem Vater ihres Sohnes Moritz, war bis zur Gleichgültigkeit erstarrt. 1719 ist eine Anwort von ihm auf ihre Glückwünsche, die sie ihm Jahr für Jahr zu Festen und Geburtstagen zukommen ließ, erhalten. »Ich danke Ihnen für die mir gemachten Glücksverheißungen, indem ich auch Ihnen jede Art der Wohlfahrt wünsche und Gott bitte, daß er Sie, Frau Gräfin von Königsmarck, in seinen heiligen Schutz nehme. Warschau, den 11. Januar 1719. August, König.« Unpersönlicher geht es nicht.

Maria Aurora wurde nie Äbtissin. Das einzige, was ihr blieb und ihr vielleicht Freude bereitete, war ihr Sohn Moritz. In vielem war er das Ebenbild seines Vaters: Ungestüm, wagemutig und lebensgierig, ein Liebling der Frauen, meinen seine Biographen, ein bedeutender Militär von europäischem Rang, bestätigen Historiker. Etwa 15 Jahre hat er für das Frankreich Ludwigs XV. siegreich gekämpft, hat Habsburger und Engländer geschlagen. Kaiser Karl VI., Maria Theresia, die Verbündeten England, Niederlande, Hannover waren ihm unterlegen. Ludwig hat es dem Sachsen gedankt und ihn zum Marschall von Frankreich ernannt. Mehr noch: Er schenkte ihm Schloß Chambord an der Loire. Moritzens Ruhm hat Maria Aurora nicht mehr erlebt.

Für ihren Sohn hat sie sich ihr Leben lang eingesetzt und finanziell ruiniert. 1711 hatte sie ihr Ziel, das sie nie aus den Augen verloren hatte, erreicht. In Wien war Joseph I. gestorben. Bis zur Wahl eines neuen Kaisers übernahm Friedrich August die Geschäfte eines Reichsvikars und übte kaiserliche Vollmachten aus. Sie hatte damals die Chance erkannt, hatte Friedrich August gedrängt, ihren Sohn zu legitimieren. Moritz erhielt den Titel Graf von Sachsen. Da war er 15 Jahre alt. Wenigstens diese Sorge war sie los. Und wie hatte sie sich später auf sein Kurlandabenteuer eingelassen. Wäre er in Kurland Herzog geworden, gewiß wäre es ihr besser ergangen. Kurland, ein Baltenstaat an der Ostsee, der bis an die Bucht von Riga reichte, hatte die Herzogswürde zu vergeben. Die kurländischen Stände wählten den zweiten Sohn Friedrich Augusts zum Herzog. Das

*Graf Moritz von Sachsen, Marschall von Frankreich, 1696-1750.*

aber war nicht nach dem Geschmack Rußlands und Polens, auch Preußens nicht. Polen wollte sich Kurland, das im Lehensverhältnis zur Republik stand, einverleiben. Rußland hatte schon seit langem einen Blick auf das Territorium geworfen. Friedrich August, der in Polen nie souverän handeln konnte, mußte lavieren. Er, der insgeheim die Ambitionen seines Sohnes teilte, mußte ihn öffentlich auffordern, auf den kurländischen Thron zu verzichten. »Wir befehlen Ihnen aufs ernstlichste, das Gebiet Kurlands zu verlassen, um den Einwohnern jede Aussicht zu benehmen, unter Ihrem Einfluß den Rechten Unserer Krone zuwider etwas unternehmen zu können. Ferner die, zu Ihren Gunsten, behufs der Nachfolge in der Regierung des Herzogtums ausgefertigte Urkunde ... an Uns einzusenden, jeder Wahlberechtigung und anderen Ansprüchen an das Herzogtum Kurland und Semgalden zu entlassen ... Überzeugt von Ihrer Uns schuldigen Ergebenheit, glauben wir, nicht nötig zu haben, diesen Befehl für den Fall des Ungehorsams die Strafandrohung Unserer Ungnade beizufügen.« Und er fügte auf einem gesonderten Blatt, das nicht für die Öffentlichkeit bestimmt war, hinzu: »Es tut mir leid, daß ich Sie um ihre Urkunde bitten muß, aber ich will das Opfer später auf andere Weise gutmachen.« Sohn gegen Vater, Ungehorsam gegen den polnischen König. Die polnische Republik erklärte Moritzens Wahl für ungültig. Schließlich unterlag Moritz Rußland und Polen. Er, der bereit war, sich ihnen mit seiner kleinen Schar im Kampf zu stellen, mußte vor der Übermacht fliehen. Mit einem Pferd schwamm er durch die See und entkam mit Mühe einer russischen Gefangenschaft.

Maria Aurora war über die Umstände genau informiert. Wieder war eine Hoffnung zerronnen. Ihr blieben nichts als Schulden, die sie für Moritz eingegangen war, um ihm beim Erwerb der Herzogswürde zu unterstützen. Dennoch: Sie wird es mit Genugtuung genossen haben, daß sich ihr Sohn gegen den mächtigen Vater gestellt hatte. Sie hatte es nie gewagt, aber das war ein anderes Kapitel. Zuneigung war nicht zu erzwingen. Deutlich spürte sie ihr Alter, wenn sie zum Burgberg hinaufstieg. Quedlinburg hatte ihr wenig Glück gebracht. Was blieb ihr noch? mochte sie sich gefragt haben. Dachte sie an ihren einstigen Geliebten, der so kleinlich geworden war?

Ältere Biographen beschreiben Friedrich August als liebenswürdig, galant und Frauen gegenüber großzügig. Das dürfte – wenn überhaupt – nur zutreffen, wenn sie dessen Verehrung und Gunst erfuhren. Danach schien ihm ihr Schicksal gleichgültig zu sein, ja, er schreckte nicht vor Verfolgung und Hartherzigkeit zurück. 49 Jahre mußte seine bekannteste Geliebte, die Gräfin Cosel, für ihr Mätressenglück am Dresdner Hof auf Burg Stolpen büßen. Und niemand vermag mit Sicherheit zu sagen, warum? All ihre Bittgesuche, ihr die Freiheit wiederzugeben, hat der sächsische Kurfürst und König von Polen abgelehnt.

Diese Episode ist verbürgt. Ich stelle mir vor, wie seine Gleichgültigkeit Maria Aurora kränkte. In den großen Tagen der Liebe hatte er ihr drei kostbare Perlen geschenkt. Übermütig. Sie sollen Sie immer an mich erinnern. Sie hatte sie als Unterpfand der Liebe all die Jahr hindurch behütet. Und dann war sie in große Schwierigkeiten geraten. Wieder einmal hatte Moritz Schulden gemacht, hatte leichtsinnig gespielt. Sie hatte die Perlen bei einem Dresdner Juwelier in Zahlung gegeben mit dem Hinweis, daß sie ausgelöst würden. Moritz war auch Friedrich Augusts Sohn. Es genügte nicht, daß er ihm eine ordentliche Ausbildung ermöglichte. Sie hatte den Kurfürsten mehrere Male gebeten, die Perlen auszulösen. Flemming, der allmächtige Minister und Friedrich Augusts Vertrauter am Dresdner Hof, hatte sich für sie verwendet. Der Kurfürst, ließ er Maria Aurora wissen, werde ihrer Bitte nachkommen. Er kam ihrer Bitte nicht nach. Das hat selbst Flemming, der nicht besonders feinsinnig war, zum Bedauern verleitet. Im Januar 1727 schrieb er ihr: »Ich beklage den Ihnen dabei veranlaßten Verdruß um so mehr, da die Sache würde eine bessere Wendung genommen haben, wenn man sie weniger beeilt hätte.« Es ist nicht bekannt, ob der König die Perlen jemals eingelöst hat. Maria Aurora jedenfalls hat sie nie wieder erhalten. Sie muß an dem Schmuck sehr gehangen haben. Noch einmal erinnerte sie den König daran und bat ihn, »letzte Gnade uns erzeigen und diese Perlen mit der darauf stehenden Schuldpost befreien und selbiges Pfand unserem denominierten Generalerben freistellen und verabfolgen (zu)lassen«. Ihre Bitte an den »allergnädigsten Herrn« blieb unbeantwortet. Welch Bitternis kurz vor ihrem Tod!

## DER EINSAME TOD

DAS Kurländer Abenteuer hatte Maria Aurora stark mitgenommen. Ihr gesundheitlicher Zustand verschlechterte sich. Seit längerem hatte sie es aufgegeben zu reisen. Dabei war sie so gern gereist. Sie, die große Briefschreiberin, schweigt in den letzten Jahren immer häufiger. Kein Brief ist erhalten, in dem sie ihre Verfassung beklagt, vielleicht hat sie darüber auch nie einen geschrieben. Es war still um die einst Umworbene geworden. Nach Dresden fuhr sie ohnehin nicht mehr. Sie war eine alte Frau. Gewiß wollte sie diesen Anblick den anderen ersparen. Im Februar 1728 erkrankte Maria Aurora ernsthaft.

Ich stelle mir vor: Es war kalt auf dem Burgberg in Quedlinburg. Und der nächtliche Himmel war blank wie Eis. Sie hatte schon zuvor ihr Testament gemacht. Darin hatte sie auch die Königsmarckschen Güter in Schweden und Deutschland benannt. Ansonsten hinterließ sie nicht viel. Ihre Gläubiger würden ihren Tod bedauern. Sie lachte schrill. Sie hatte Schulden über Schulden. Mit Geld hatte sie nie umgehen können. Wie sie es erhielt, rann es durch ihre Finger. Was hatte sie seit Dresden erreicht? Die kurze Liaison mit dem jungen Kurfürsten. Sie war sich nicht sicher, ob sie ihn jemals wirklich geliebt hatte. Das zu wissen, war nun auch überflüssig. Aber diesen Schmerz, als sie Friedrich August am Arm der strahlenden Wienerin sah, hat sie nicht vergessen. Die Esterle hatte sie beobachten lassen. Das hatte sie, Maria Aurora, sogar amüsiert. Und dann war es der Wienerin ebenso ergangen wie ihr. Mätressenschicksal. Ihr Bruder blieb verschollen. Sie zweifelte nicht daran, daß er umgebracht worden war. Wenn die Mission, damals in Polen, gelungen wäre, dann wäre vielleicht Frieden geworden. Und sie hätte mitgeholfen, ihn zu erreichen. Aber nein, dieses sinnlose Schlachten hatte sich über zwei Jahrzehnte gezerrt, glücklos für Polen, glücklos für den König. Nein, sie konnte keinen Strich ziehen und darunter befriedigt festhalten: Es hat sich gelohnt. Glück hatte sie immer nur stückweise erhalten, manchmal auch im Taumel. Wenn sie Arthur Ulrich geheiratet hätte – wie glühend hatte er um ihre Hand angehalten – vielleicht, gewiß hätte sie da sorgenfreier gelebt. Aber wenn sie es richtig bedachte, sie hatte sich nicht binden wollen, war einfach nicht fähig dazu gewesen.

Kalt war es in dem Raum. Sie trank einen Schluck Portwein. Sie hat in den letzten Jahren etwas zuviel getrunken. Horn, dachte sie plötzlich, Horn, dieser Schwärmer. Er war vielleicht der einzige, der sie ohne Wenn und Aber akzeptiert hatte. Auch ihn hatte sie nicht gewollt. Nein, sie konnte sich bei keinem beschweren, sie hatte fast immer aus eigenem Antrieb entschieden, gegen sich und für sich. Der Portwein wärmte. Sie griff zur Flasche und füllte zum zweiten Mal das Glas. Schade, daß sie nicht mehr nach Agathenburg gekommen war. Sie sah sich heimlich mit den Jungen schaukeln. Verbotenes hatte sie immer gereizt. Dieser blanke, kalte Himmel vor den hohen Fenstern und völlig ohne Sterne. Mußte sie sich etwas vorwerfen? Vielleicht hätte sie sich mehr um Moritz kümmern müssen. Sie war sicher, er würde seinen Weg gehen, ihn bekam keiner klein. Selbst seinem Vater hatte er die Stirn geboten. »Ich werde ungehorsam sein«, hatte ihr Moritz geschrieben, »auch wenn ich auf dem Königstein lande.« Etwas von diesem Eigensinn war auch in ihr. Eine Bindung einzugehen, um versorgt zu sein, das hatte ihr immer mißhagt. Törichte Aurora. Sie hatte zu spät an ihr Alter gedacht. Es war nicht gut, allein zu sein. Ihr Moritz. In Frankreich wollte er sein Glück machen. Er wird es schaffen. Sie fühlte, wie die Kälte immer kräftiger in ihr hochzog und sie lähmte. Aber dann schlief sie doch ein und erschrak kurz darauf aus einem Traum. Hat man mich jemals geliebt? Habe ich jemals richtig geliebt? Sie erinnerte sich deutlich an ihre erste Ankunft in Dresden. Es war Sommer gewesen. Und der Fluß hatte wenig Wasser geführt. Er hatte sie ungestüm umworben, hatte ihr hemmungslos gezeigt, daß er sie wollte. Wie töricht und eitel war sie gewesen, an Dauer zu glauben. Jetzt machte sie sich nichts mehr vor, sie hatte an Dauer geglaubt, obwohl sie es besser hätte wissen müssen. Wir Frauen, dachte sie, sind wohl doch von anderem Stoff als die Männer. Wie er sie mit Philipp hingehalten hatte. Sie hatte Friedrich August früh durchschaut. Nichts als wortreiche Versprechungen. Philipp war ihm gleichgültig gewesen. Sie war sicher, daß er tot war. Das Licht begann zu flackern. Das Öl im Gefäß war aufgebraucht. Sie müßte es nachfüllen. Eines hatte Friedrich August gehalten. Seine Stadt hatte er gründlich verändern lassen. Das Bauen war seine größte Leidenschaft. Wie ihm dieser Pöppelmann einen Traum aus Stein geschenkt hat. Und das Taschenbergpalais am Schloß für die Cosel. Sie hatte es ihr anfangs geneidet. Jetzt schon lange nicht mehr. Diese arme Kreatur. Seit Jahren saß sie verstoßen auf Burg Stolpen. Maria Aurora zog das Federbett hoch, aber es wärmte sie zu wenig. Kälte drang in sie ein wie ein Keil. Er drohte sie zu sprengen. Mühsam hielt sie die Augen offen, zwang sich, wach zu bleiben. Nein, sie hatte keine Angst vor dem Tod, nur das Sterben fiel schwer. Sie wollte niemanden bei sich haben. Sie war so oft in ihrem Leben, in diesem lauten Strahlen der Feste allein gewesen, nun wollte sie es auch am Ende sein.

Maria Aurora starb in der Nacht vom 15. zum 16. Februar 1728. Ihr Tod erregte kaum Aufsehen. Längst war die Zeit vorbei, da man sich an sie erinnerte. Die einst Gefeierte, die an den Höfen für Aufmerksamkeit gesorgt hatte, war gründlich vergessen.

Was sie zurückließ, war zu wenig, um das Begräbnis zu bezahlen. Der Quedlinburger Superintendent Frisch wußte zu berichten, daß sie eine auserlesene Bibliothek besessen hätte, Corneille, Pascal, Molière und andere Autoren. Ihre Kleidung, die sie hinterließ, war veraltet und kaum etwas wert. Sehenswert war die kleine Sammlung an Musikinstrumenten. Maria Aurora spielte selbst mehrere Instrumente, besonders Gambe und Laute. Schmuck war außer einer Perlenschnur nicht vorhanden. An barem Geld hinterließ sie in einer Schatulle 52 Taler, 10 Groschen, 8 Pfennige. Das war nun wahrlich nicht viel.

Am 18. Februar läuteten die Glocken von allen Türmen Quedlinburgs. Das war keine besondere Ehrenbezeugung für Maria Aurora von Königsmarck. Das Läuten war üblich, wenn eine Dame des Stiftes starb. In der Stiftskirche St. Servati wurde ihr Name und der Todestag eingetragen. Das Geburtsjahr fehlte. Maria Aurora hat es ein Leben lang verschwiegen. Weitere

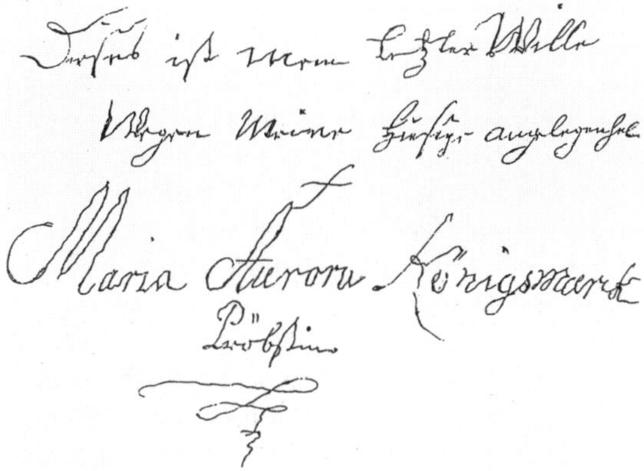


*Faksimile (Anfangsseite) des Testamentes der Gräfin Königsmarck.*

Nachrichten zu ihrem Tod gibt es nicht. Sowohl über ihre Aufbahrung als auch über ihre Beisetzung ist nichts aufgeschrieben worden. Nicht einmal die Leichenpredigt blieb erhalten. Vielleicht ist alles verloren gegangen. Wahrscheinlicher aber ist, daß es die hochadeligen Damen nicht für nötig fanden, diese Umstände mitzuteilen. Somit hielt ihr Haß und ihre Ablehnung noch über den Tod der unerwünschten Pöbstin an. Ganz anders hatte man sich beim Tod der einige Monate früher verstorbenen Dekanissin Gräfin Maria Magdalena zu Schwarzburg, Maria Auroras ärgster Feindin, verhalten. Ihrer wird im Kirchenbuch ausführlich gedacht, und eine lange Beschreibung hält das feierliche Begräbnis fest.

Der Haß, den man Maria Aurora entgegen brachte, muß ungeheuer gewesen sein. Man hielt ihn auch nach ihrem Tod nicht zurück. Die Damen, die viel von Nächstenliebe und Gottesfügung sprachen, ließen die Leiche über ein Jahr lang in einem kahlen groben Holzsarg auf Streu in der Stiftsgruft liegen. Der Grund: Aurora hatte nicht genügend Geld für ein angemessenes Begräbnis hinterlassen. Der Zorn der Damen wurde bald größer. Die Pröbstin hatte im Namen des Stifts Schulden gemacht, sie überstiegen weit 20 000 Taler. Ihre Vermögensverhältnisse waren völlig ungeklärt. Am 12. Februar 1729 – endlich – bewilligte die Äbtissin das Begräbnis. Der Sarg mit Maria Auroras Leiche wurde in einen Paradesarg gehoben und in der Gruft der Quedlinburger Schloßkirche beigesetzt. Dort liegt die Schwedin noch heute. Friedrich August, dem König von Polen und dem Kurfürsten von Sachsen, blieben noch vier Jahre zu leben, ehe er 1733 in Warschau starb.

Maria Aurora aber wird bald von der Männerwelt auf neue Weise entdeckt. Sie heben ihren Charme und ihren Takt hervor. Der französische Schriftsteller und bedeutende Philosoph der europäischen Aufklärung, Voltaire, war gar der Meinung, daß ihr Geist und ihre Schönheit weltbekannt gewesen seien. 1760 gab Johann Christoph Gottsched, Herausgeber der ersten deutschen Frauenzeitschrift »Die vernünftigen Tadlerinnen«, in Leipzig ein Handlexikon in Druck. Darin rühmte er Maria Auroras Klugheit und ließ wissen, daß die einstige Mätresse Gedichte, Lustspiele in französischen Versen und ein deutsches Trauerspiel geschrieben hat. Wie sie selbst ihr Leben sah, hat sie in einem Vierzeiler kurz vor ihrem Tod festgehalten:

»Mein Anfang war ein Anfang zum Beklagen. / Vom Frühling durft' ich nur die Dornen tragen. / Das Jahr der Lust – es band mir keinen Kranz, / Und Sorge hat verdunkelt meiner Jugend Glanz.«

# QUELLENVERZEICHNIS

AM HEIMATBORN, Beilage zum Quedlinburger Kreisblatt, Nr. 159
derselbe, Nr. 160
derselbe, Nr. 254
BESCHORNER, H.: Augusts des Starken Leiden und Sterben.- In: Neues Archiv für sächsische Geschichte 58/1937
BÖHME, H. L./ DELAU, R.: August der Starke/ Bilder einer Zeit.- Halle 1989
BURG, P.: Die schöne Gräfin Königsmarck.- Braunschweig 1920
CRAMER, FR.: Denkwürdigkeiten der Gräfin Aurora Königsmarck.- Leipzig 1836
CZOK, K.: Am Hofe Augusts des Starken.- Leipzig 1989
DELAU, R.: Die Mätressen Augusts des Starken.- Dresden 1995
ESPAGNAC, FRH. V.: Geschichte Moritzens Grafen von Sachsen, zwei Bände.- Leipzig 1774
FESTSCHRIFT: 1000 Jahre Quedlinburg 994–1994.- Quedlinburg 1994
HAAKE, P.: König August der Starke, München.- Berlin 1922
HERES, G.: Dresdner Kunstsammlungen im 18. Jahrhundert.- Leipzig 1991
KAEMMEL, O.: Sächsische Geschichte.- Dresden 1991
KLEEMANN/LORENZ, H.: Quedlinburger Geschichte.- Quedlinburg 1922

LORENZ, H.: Maria Aurora Gräfin v. Königsmarck, in: Mitteldeutsche Lebensbilder.- Magdeburg 5/1930
MÖRNER, B.: Maria Aurora Königsmarck.- München 1921
PÖLLNITZ, K. L.: La Saxe galante.- Berlin 1886
STASZEWSKI, J.: August III., Kurfürst von Sachsen und König von Polen.- Berlin 1996
VOGEL, D.: Vorkommnisse am Augusteischen Hof.- Taucha 1994
VOIGTLÄNDER, K.: Die Stiftskirche zu Quedlinburg.- Berlin 1989
VOLTAIRE: Geschichte Karls XII..- Leipzig 1826
WEBER, K. v.: Moritz von Sachsen, Marschall von Frankreich.- Leipzig 1863

## BILDNACHWEIS

Sächsische Landesbibliothek, Abteilung Deutsche Fotothek: 10 (Richter), 16, 17 (Kramer), 27 (Godenschweg), 25, 29 (Steuerlein), 35 (Franz), 45, 53 (Richter), 59 (Nowak), 63 (Krentzlin), 69 (Möbius).
Schloß Agathenburg: 9.
Städtische Museen Quedlinburg: Umschlagfoto.
Verlagsarchiv: Frontispiz, 43, 77.